Melanie Seidlitz

Die Grundsicherung der Arbeitsuchenden (SGB II)

Sind die Regelbedarfe verfassungskonform?

Diplomica Verlag GmbH

Seidlitz, Melanie: Die Grundsicherung der Arbeitsuchenden (SGB II): Sind die
Regelbedarfe verfassungskonform?, Hamburg, Diplomica Verlag GmbH 2013

Buch-ISBN: 978-3-8428-8793-0
PDF-eBook-ISBN: 978-3-8428-3793-5
Druck/Herstellung: Diplomica® Verlag GmbH, Hamburg, 2013

Bibliografische Information der Deutschen Nationalbibliothek:
Die Deutsche Nationalbibliothek verzeichnet diese Publikation in der Deutschen
Nationalbibliografie; detaillierte bibliografische Daten sind im Internet über
http://dnb.d-nb.de abrufbar.

Das Werk einschließlich aller seiner Teile ist urheberrechtlich geschützt. Jede Verwertung
außerhalb der Grenzen des Urheberrechtsgesetzes ist ohne Zustimmung des Verlages
unzulässig und strafbar. Dies gilt insbesondere für Vervielfältigungen, Übersetzungen,
Mikroverfilmungen und die Einspeicherung und Bearbeitung in elektronischen Systemen.

Die Wiedergabe von Gebrauchsnamen, Handelsnamen, Warenbezeichnungen usw. in
diesem Werk berechtigt auch ohne besondere Kennzeichnung nicht zu der Annahme,
dass solche Namen im Sinne der Warenzeichen- und Markenschutz-Gesetzgebung als frei
zu betrachten wären und daher von jedermann benutzt werden dürften.

Die Informationen in diesem Werk wurden mit Sorgfalt erarbeitet. Dennoch können
Fehler nicht vollständig ausgeschlossen werden und die Diplomica Verlag GmbH, die
Autoren oder Übersetzer übernehmen keine juristische Verantwortung oder irgendeine
Haftung für evtl. verbliebene fehlerhafte Angaben und deren Folgen.

Alle Rechte vorbehalten

© Diplomica Verlag GmbH
Hermannstal 119k, 22119 Hamburg
http://www.diplomica-verlag.de, Hamburg 2013
Printed in Germany

Inhaltsverzeichnis

Inhaltsverzeichnis..II
Abkürzungsverzeichnis..V

I. Einführung..1
   A. Problemstellung 1
   B. Zielsetzung..2
   C. Aufbau 2

II. Sozialgesetzbuch II..2
   A. Geschichtliche Entwicklung bis hin zum Sozialgesetzbuch 2
   B. Rechtsgrundlage des Sozialgesetzbuches 3
   C. Grundlagen der Grundsicherung für Arbeitsuchende (SGB II)............4
      1. Entstehung... 4
      2. Leistungsgrundsätze.. 4
      3. Finanzierung 5
      4. Anspruchsvoraussetzungen 6
         a) Erwerbsfähigkeit... 6
         b) Hilfebedürftigkeit 7
         c) Gewöhnlicher Aufenthalt... 7
      5. Leistungsbereiche des SGB II 8
         a) Leistungen zur Eingliederung in Arbeit 8
         b) Leistung zur Sicherung des Lebensunterhalts 8
            (1) Regelbedarf 8
            (2) Leistung für Unterkunft und Heizung 9
            (3) Mehrbedarfe.. 9
            (4) Sonderbedarfe 9
            (5) Leistung für Bildung und Teilhabe 10
      6. Der Regelbedarf im Einzelnen.. 10
         a) Referenzgruppen 11
         b) Entwicklung der Regelbedarfshöhe 11
         c) Regelbedarfsrelevante Verbrauchsausgaben................. 13

III. Berechnung des Regelbedarfs..13

A.	Warenkorbmodell	13
B.	Statistikmodell	14
C.	Einkommens- und Verbrauchsstichprobe	14
	1. Erhebungsteile	15
	2. Quotenstichprobe	16
	3. Plausibilitätskontrollen und Ausgrenzungen	16
D.	Laufende Wirtschaftsrechnungen	17
E.	Fortschreibung der Regelbedarfe	17
	1. Fortschreibung nach der Regelsatzverordnung	17
	2. Fortschreibung nach dem RBEG	18

IV. Verfassungsmäßige Beurteilung ... 18
    A. Zuständigkeit des BVerfG ... 18
        1. Verfassungsrechtliche Normkontrolle ... 19
            a) Verfassungsbeschwerde ... 19
                (1) Zulässigkeitsvoraussetzungen ... 19
                (2) Begründetheit ... 20
                (3) Entscheidung ... 20
            b) Abstrakte Normkontrolle ... 21
                (1) Zulässigkeitsvoraussetzungen ... 21
                (2) Begründetheit ... 21
                (3) Entscheidung ... 21
            c) Konkrete Normkontrolle ... 22
                (1) Zulässigkeit ... 22
                (2) Begründetheit ... 22
                (3) Entscheidung ... 23
            d) Normkontrolle bezüglich des Grundsatzurteils ... 23
    B. Das richtungsweisende Urteil des BVerfG ... 24
        1. Zusammenfassung ... 24
        2. Beurteilungen und Vorgaben des BVerfG ... 25
            a) Ansparkonzept ... 26

- b) Prozentualer Regelbedarf für die Regelbedarfsstufe 2 26
- c) Parlamentsgesetz 27
- d) Realitäts- und bedarfsgerechte Ermittlung der Regelbedarfe 27
  - (1) Fehlende Regelungen im SGB II 27
  - (2) Statistikmodell als Grundlage 28
  - (3) Die EVS als Grundlage 28
  - (4) Referenzgruppen und Bereinigung 28
  - (5) Abschläge 29
  - (6) Interner Ausgleich 31
- e) Fortschreibung der Regelbedarfe 31
- f) Verfassungswidrigkeit der übrigen Regelbedarfsstufen 32
- g) Härtefallregelung 32

C. Änderungen und Kritik nach dem Grundsatzurteil des BVerfG 33
  1. Parlamentsgesetz 33
  2. Realitäts- und bedarfsgerechte Ermittlung der Regelbedarfe 33
     - a) Statistikmodell 33
     - b) Die EVS 2008 als Grundlage 34
     - c) Referenzgruppen und deren Bereinigung 36
       - (1) Aufstocker 37
       - (2) verdeckte Armut 38
       - (3) atypische Haushalte 41
       - (4) Quantilsdefinition 43
       - (5) Regelbedarfsstufe 1 für Eltern 46
       - (6) Regelbedarfsstufe 3 47
  3. Nicht regelbedarfsrelevante Abschläge 48
     - a) Abteilung 01 Nahrungsmittel, alkoholfreie Getränke 49
     - b) Abteilung 02 Tabakwaren, alkoholische Getränke 50
     - c) Abteilung 03 Bekleidung und Schuhe 52
     - d) Abteilung 04 Wohnen, Energie, Wohnungsinstandsetzung 55
     - e) Abteilung 05 Innenausstattung, Haushaltsgeräte und 58

		-gegenstände	58
	f)	Abteilung 06 Gesundheitspflege	61
	g)	Abteilung 07 Verkehr	63
	h)	Abteilung 08 Nachrichtenübermittlung	67
	i)	Abteilung 09 Freizeit, Unterhaltung, Kultur	69
	j)	Abteilung 10 Bildung	71
	k)	Abteilung 11 Beherbergungs- und Gaststättenleistungen	73
	l)	Abteilung 12 Andere Waren und Dienstleistungen	75
4.		Interner Ausgleich	78
5.		Fortschreibung der Regelbedarfe und sonstiger Leistungen	79
6.		Härtefallregelung	84
V.	Fazit		85
Literaturverzeichnis			VIII

Abkürzungsverzeichnis

Abs.	Absatz
a.F.	alte Fassung
AfA	Absetzung für Abnutzung
AFG	Arbeitsförderungsgesetz
Art.	Artikel
Ausschussdrucks.	Ausschussdrucksache
AVAVG	Gesetz über Arbeitsvermittlung und Arbeitslosenversicherung
BAföG	Bundesausbildungsförderungsgesetz
BEEG	Bundeselterngeld- und Elternzeitgesetz
BGBl.	Bundesgesetzblatt
BHO	Bundeshaushaltsordnung
BKGG	Bundeskindergeldgesetz
BMAS	Bundesministerium für Arbeit und Soziales
BMF	Bundesministerium der Finanzen
BRD	Bundesrepublik Deutschland
BR-Drucks.	Bundesratsdrucksache
BSG	Bundessozialgericht
BSHG	Bundessozialhilfegesetz
BT-Drucks.	Bundestagsdrucksache
BVerfG	Bundesverfassungsgericht
BVerfGE	Bundesverfassungsgerichtsentscheidung
BVerfGG	Bundesverfassungsgerichtsgesetz
bzw.	beziehungsweise
ca.	circa
DSGT	Deutscher Sozialgerichtstag
EEG	Erneuerbare Energien
einschl.	einschließlich
etc.	et cetera
EVS	Einkommens- und Verbrauchsstichprobe
f, ff	folgende Seite, folgende Seiten
FamRZ	Zeitschrift für das gesamte Familienrecht
GG	Grundgesetz
i.d.F.	in der Fassung
i.H.v.	in Höhe von

i.V.m.	in Verbindung mit
LHO	Landeshaushaltsordnung
LPK	Lehr- und Praxiskommentar
LWR	Laufende Wirtschaftsrechnung
MDR	Monatszeitschrift für Deutsches Recht
Nr.	Nummer
NVwZ	Neue Zeitschrift für Verwaltungsrecht
NZS	Neue Zeitschrift für Sozialrecht
o.g.	oben genannt
ÖPNV	öffentlicher Personennahverkehr
PrHaushStatG	Gesetz über die Statistik der Wirtschaftsrechnungen privater Haushalte
RBEG	Regelbedarfs- Ermittlungsgesetz
Rn.	Randnummer
RSV	Regelsatzverordnung
S.	Seite, Satz
s.	siehe
SG	Sozialgericht
SGB II	Sozialgesetzbuch Zweites Buch usw.
SoVD	Sozialverband Deutschland
StabRuaÄndG	Gesetz zur Abschaffung des Finanzplanungsrates und zur Übertragung der fortzuführenden Aufgaben auf den Stabilitätsrat sowie zur Änderung weiterer Gesetze
u.a.	und andere/unter anderem
u.ä.	und ähnliches
v.	von/vom

I. **Einführung**

A. **Problemstellung**

Bereits seit dessen Einführung ist das Arbeitslosengeld II, auch besser bekannt als Hartz IV, stark umstritten und spaltet zunehmend nicht nur die Parteien sondern auch die Bevölkerung.

Oberstes Ziel dessen Einführung war unter anderem die Verringerung der Arbeitslosenquote und eine Kostenersparnis.[1]

Eine Verringerung der Arbeitslosenquote lies sich zwar realisieren, allerdings befinden sich derzeit noch immer 6,2 Millionen Menschen im Leistungsbezug des Sozialgesetzbuches II (SGB II).[2] Problematisch ist dies auch im Hinblick darauf, dass die Arbeitslosigkeit der Hauptauslöser für eine Überschuldung ist.[3] Besorgniserregend ist ebenfalls die Entwicklung derer, die mit dem Arbeitslosengeld II ihren Lebensunterhalt aufstocken müssen. Bereits 2,4 Millionen der 4,4 Millionen erwerbsfähigen Hilfebedürftigen sind sogenannte „Aufstocker".[4] Somit zeichnet sich ein Abgang derer in den Niedriglohnsektor ab, was wiederum zu einer Abwärtsspirale führt, aus der es immer schwieriger wird rauszukommen.

Seit der Einführung des Arbeitslosengeldes II wurden bereits 355 Milliarden € hierfür ausgegeben.[5] Schon die minimale Erhöhung um fünf € im Jahr 2011 bedeutete Mehrausgaben in Höhe von insgesamt rund 290 Millionen €. Auch durch die Einführung des Bildungs- und Teilhabepakets entstehen Mehrausgaben in Höhe von rund 500 Millionen €.[6] Für den Bund und die Kommunen stellt das Arbeitslosengeld II somit bereit jetzt einen immensen Kostenfaktor dar.

Trotzdem halten laut einer Umfrage nur 19 % der Befragten die Leistungen für angemessen.[7] Fraglich ist daher, ob der Regelbedarf verfassungsgemäß ist. Worauf viele Menschen schlicht mit einem einfach „ja" oder „nein" antworten würden, steckt eine komplizierte Berechnungsmethode, die sich über Monate hinzieht und die sehr viel Diskussionsbedarf nach sich zieht.

Erstmalig hat sich auch das Bundesverfassungsgericht (BVerfG) in dieser Diskussion zu Wort gemeldet und am 9. Februar 2010 ein folgenreiches Grund-

---

[1] BT-Drucks. 15/1516 S. 1.
[2] http://statistik.arbeitsagentur.de/Statischer-Content/Arbeitsmarktberichte/Berichte-Broschueren/Arbeitsmarkt/Generische-Publikationen/Strukturen-der-Arbeitslosigkeit-2012-05.pdf, S. 6, abgerufen am 10.07.2013; http://statistik.arbeitsagentur.de/nn_4236/Statischer-Content/Leistungsberechtigte-in-der-Grundsicherung-Detail.html, abgerufen am 10.07.2013.
[3] Pressemitteilung des Statistisches Bundesamtes vom 17. Januar 2013 – 21/13, Arbeitslosigkeit Hauptauslöser für private Überschuldung 2011.
[4] http://statistik.arbeitsagentur.de/nn_4236/Statischer-Content/Leistungsberechtigte-in-der-Grundsicherung-Detail.html, abgerufen am 10.07.2013.
[5] Laut der Sendung *Stern TV* vom 06.03.2013.
[6] BT-Drucks. 17/3404 S. 2.
[7] Laut einer Zuschauerumfrage von *Stern TV* vom 13.03.2013.

satzurteil[8] erlassen. Es ist zu dem Ergebnis gekommen, dass die Regelbedarfe in der Grundsicherung der Arbeitsuchenden zum damaligen Zeitpunkt nicht verfassungskonform waren und hat dem Gesetzgeber umfangreiche Vorgaben zur Behebung gemacht.

B. Zielsetzung

Ziel dieser Untersuchung ist es, festzustellen, inwieweit der Gesetzgeber die Vorgaben des BVerfG aus dem Grundsatzurteil zum jetzigen Zeitpunkt umgesetzt hat und ob noch Nachbesserungsbedarf besteht. Als Folge dieser Betrachtung soll beurteilt werden, ob die derzeitige Berechnung des Regelbedarfs einer weiteren verfassungsrechtlichen Prüfung standhalten würde.

C. Aufbau

Der erste Teil der Untersuchung beschäftigt sich mit der geschichtlichen Entwicklung des Sozialgesetzbuches sowie mit den Grundlagen des Bezuges von Arbeitslosengeld II. Anschließend wird im zweiten Teil der Untersuchung die Berechnung des Regelbedarfs im Allgemeinen dargestellt. Nachgehend wird auf das Grundsatzurteil des BVerfG vom 9. Februar 2010 eingegangen; insbesondere auf die Zuständigkeit des BVerfG sowie auf die Klärung der Verfassungsmäßigkeit einzelner Vorgaben und Änderungen. Abschließend erfolgen im Rahmen des Fazits eine Schlussbetrachtung und ein kurzer Ausblick.

II. Sozialgesetzbuch II

A. Geschichtliche Entwicklung bis hin zum Sozialgesetzbuch

Die geschichtliche Entwicklung bis hin zum heutigen Sozialgesetzbuch ist lang. Erste Ansätze wohlfahrtsstaatlicher Einrichtungen finden sich bereits in der Antike, wo Nahrungsmittel verteilt wurden, die aus Spenden und Wohlfahrtssteuern finanziert wurden.[9] Im Mittelalter übernahm hauptsächlich die Kirche die Armenfürsorge.[10] Das Zeitalter der Industrialisierung im 19. Jahrhundert machte grundlegende Reformen nötig.[11] Am 17. November 1881 erging die „Kaiserliche Botschaft", die zur Absicherung der Arbeiterschaft sowie zur Sicherung des sozialen Friedens die Einführung einer Arbeiterversicherung vorsah.[12] So traten 1884 die Krankenversicherung der Arbeiter, 1885 das Unfallversicherungsgesetz und 1891 das Gesetz betreffend der Invaliditäts- und Altersversicherung in

---

[8] Urteil des BVerfG vom 09.02.2010 - 1 BvL 1/09 - ; BVerfGE 125, 175.
[9] *Eichenhofer*, Sozialrecht, S. 12 Rn. 17.
[10] *Eichenhofer*, Sozialrecht, S. 12 Rn. 18.
[11] *Eichenhofer*, Sozialrecht, S. 18 Rn. 32.
[12] *Eichenhofer*, Sozialrecht, S. 19 Rn. 34, 35.

Kraft.[13] Diese von Otto v. Bismarck hervorgerufene Sozialgesetzgebung bildet noch heute die Grundlage der sozialpolitischen Entwicklung.[14]
Im Jahr 1927 folgte das Gesetz über Arbeitsvermittlung und Arbeitslosenversicherung (AVAVG).[15] Das Gesetz über die Pflegeversicherung trat 1995 in Kraft.[16] Da das Sozialrecht im Laufe der Jahrhunderte immer unübersichtlicher geworden war, strebten sowohl Bundeskanzler Adenauer als auch Bundeskanzler Brandt eine Kodifizierung des Sozialrechts an.[17] Mit den Arbeiten daran begann 1970 eine Sachverständigenkommission.[18] Nunmehr besteht das Sozialgesetzbuch aus 12 Büchern und bildet damit das größte und bedeutendste Gesetzeswerk der Bundesrepublik Deutschland.[19]
Nicht zu vergessen sind noch die in § 68 SGB I bezeichneten besonderen Teile des Sozialgesetzbuches wie beispielsweise das Bundeskindergeldgesetz (BKGG) und das Bundesausbildungsförderungsgesetz (BAföG). Diese Teile sind bisher in speziellen Gesetzen geregelt, sollen langfristig jedoch in das Sozialgesetzbuch eingegliedert werden.[20]

B.   Rechtsgrundlage des Sozialgesetzbuches

Die verfassungsrechtliche Grundlage des Sozialgesetzbuches bildet das Sozialstaatsprinzip in Verbindung mit den Grundrechten auf Schutz der Menschenwürde und auf freie Entfaltung der Persönlichkeit (Art. 1 Abs. 1, Art. 2 Abs. 1 GG) sowie dem allgemeinen Gleichheitsgrundsatz (Art. 3 Abs. 1 GG).[21] Das Sozialstaatsprinzip ist in Art. 20 Abs. 1 und Art. 28 Abs. 1 GG verankert. Die Bundesrepublik Deutschland (BRD) ist gemäß Art. 20 Abs. 1 GG ein demokratischer und sozialer Bundesstaat. Nach Art. 28 Abs. 1 GG muss die verfassungsmäßige Ordnung in den Ländern den Grundsätzen des republikanischen, demokratischen und sozialen Rechtsstaates entsprechen. Die wesentlichen Leitgedanken des Sozialstaatsprinzips sind der soziale Ausgleich, die soziale Sicherheit sowie die soziale Gerechtigkeit.[22] Eine Änderung, durch welche die Art. 1 – 20 berührt werden, ist gemäß Art. 79 Abs. 3 GG unzulässig („Ewigkeitsgarantie").[23] Das Sozialstaatsprinzip kann daher nicht aufgehoben werden.

---

[13] *Tennstedt* in SRH, § 2 Rn. 5, 7, 9.
[14] *BMAS*, Übersicht über das Sozialrecht, S. 1.
[15] *Tennstedt* in SRH, § 2 Rn. 31.
[16] *Tennstedt* in SRH, § 2 Rn. 95.
[17] *BMAS*, Übersicht über das Sozialrecht, S. 5.
[18] *BMAS*, Übersicht über das Sozialrecht, S. 5.
[19] *BMAS*, Übersicht über das Sozialrecht, S. 6.
[20] *BMAS*, Übersicht über das Sozialrecht, S. 6.
[21] *Trenk-Hinterberger* in SRH, § 23 Rn. 3.
[22] BVerfGE 22, 180, 204; *Muckel/Ogorek*, Sozialrecht, § 6 Rn. 1.
[23] *Piroth* in *Jarass/Piroth*, Art. 79 Rn. 6.

C. Grundlagen der Grundsicherung für Arbeitsuchende (SGB II)
1. Entstehung

Die zum 1. Januar 2005 in Kraft getretene Grundsicherung für Arbeitsuchende (Arbeitslosengeld II oder auch Hartz IV) hat ihre Rechtsgrundlage im Art. 1 des Vierten Gesetzes für moderne Dienstleistungen am Arbeitsmarkt vom 24. Dezember 2003 und bildet Teil 4 der Hartz-Gesetze.[24]

Vor dessen Inkrafttreten bestanden zwei Fürsorgesysteme für erwerbsfähige Hilfebedürftige parallel nebeneinander. Zum einen die Arbeitslosenhilfe nach dem SGB III; zum anderen die Sozialhilfe nach dem Bundessozialhilfegesetz (BSHG).[25]

Die Arbeitslosenhilfe nach dem SGB III trat zum 1. Januar 1998 in Kraft und löste das AVAVG und das AFG ab, welche bis Mitte 1969 bzw. bis Ende 1997 galten.[26] Anspruch auf Arbeitslosenhilfe hatten Hilfebedürftige, welche keinen Anspruch auf Arbeitslosengeld hatten, beispielsweise aufgrund einer fehlenden Anwartschaft (§ 190 Abs. 1 SGB III a.F.[27]).

Das BSHG löste die klassische Armenfürsorge ab und trat zum 1. Juni 1962 in Kraft.[28] Anspruch auf Sozialhilfe hatten Hilfebedürftige, die beispielsweise keinen oder einen nicht ausreichenden Anspruch auf Arbeitslosenhilfe hatten (§ 2 Abs. 1 BSHG).

Seit dem 1. Januar 2005 sind nunmehr die Arbeitslosen- und Sozialhilfe für erwerbsfähige Hilfebedürftige aus dem SGB III und dem BSHG ausgegliedert und im SGB II zusammengefasst worden.[29] Das BSHG wurde zum 1. Januar 2005 durch das SGB XII abgelöst.[30] Diese klassische Sozialhilfe wurde auf die Hilfe zum Lebensunterhalt für nicht erwerbsfähige Hilfebedürftige beschränkt.[31]

Ausgangspunkt der Zusammenlegung der Arbeitslosen- und Sozialhilfe war die anhaltende Massenarbeitslosigkeit sowie die Ineffizienz und Intransparenz der beiden nebeneinander bestehenden Systeme.[32]

2. Leistungsgrundsätze

Auch im Bereich der Grundsicherung für Arbeitsuchende sind die Grundsätze der Wirtschaftlichkeit und Sparsamkeit zu beachten, da diese allgemeine Grundsätze

---

[24] BGBl. I S. 2954.
[25] *BMAS*, Übersicht über das Sozialrecht, S. 15.
[26] *Lauterbach*, SGB III-Arbeitsförderung, S. 7.
[27] I.d.F. des Gesetzes vom 01.01.1997, BGBl. I S. 594.
[28] *BMAS*, Übersicht über das Sozialrecht, S. 15, BGBl. I S. 815.
[29] *Löschau/Marschner*, Zusammenlegung von Arbeitslosen- und Sozialhilfe, S. 1 Rn. 1.
[30] *BMAS*, Übersicht über das Sozialrecht, S. 673.
[31] *Löschau/Marschner*, Zusammenlegung von Arbeitslosen- und Sozialhilfe, S. 27 Rn. 110.
[32] *Sauer*, SGB II, Einführung, S. 34.

des öffentlichen Haushaltsrechts darstellen.[33] Normiert sind diese Grundsätze in § 7 Abs. 1 BHO/LHO, § 6 Abs. 1 des Gesetzes über die Grundsätze des Haushaltsrechts des Bundes und der Länder und nicht zuletzt in Art. 114 Abs. 2 des Grundgesetzes.
Diesen Grundsätzen ist jegliches öffentliches Verwaltungshandeln unterworfen.[34] Das Maß des Notwendigen darf bei der Mittelverwendung nicht überschritten werden.[35]
Weitere wichtige Grundsätze des SGB II sind die des „Forderns und Förderns". Der Grundsatz des Forderns ist in § 2 SGB II verankert und implementiert die Verpflichtung der Hilfebedürftigen zur Selbsthilfe und zur Behebung der Hilfebedürftigkeit.[36] Der Grundsatz des Förderns ist in § 14 SGB II geregelt und verpflichtet die Leistungsträger des SGB II dazu, die Hilfebedürftigen durch Eingliederung in Arbeit, Benennung eines Ansprechpartners sowie die Erbringung erforderlicher Leistungen zu unterstützen.[37] Es wird hier auch vom Konzept des aktivierenden Sozialstaates gesprochen.[38]

3. Finanzierung

Die Leistungen der Grundsicherung für Arbeitsuchende werden ausschließlich aus Steuermitteln finanziert und nicht aus der Arbeitslosenversicherung. Daher werden sie unabhängig von vorherigen Beitragszeiten und Einkommenshöhen geleistet.[39]

Im Allgemeinen besteht der Grundsatz, dass der Bund der grundsätzliche Kostenträger ist, soweit die Leistungen von der Bundesagentur für Arbeit erbracht werden.[40] Dies sind insbesondere die Leistung des Regelbedarfs, Erbringung der Mehrbedarfe nach § 21 SGB II, die in § 24 SGB II geregelten Leistungen mit Ausnahme der Erstausstattung für Wohnung, Bekleidung und Schwangerschaft, die Eingliederungsleistungen nach §§ 16 ff. SGB II ausgenommen der kommunalen Eingliederungsleistungen sowie die Kosten des Bildungs- und Teilhabepakets.[41]

An den Kosten der Unterkunft beteiligt sich der Bund gemäß § 46 Abs. 5 SGB II zweckgebunden. Im Jahr 2013 zu 34,4 % in Baden-Württemberg, 40,4 % in Rheinland-Pfalz und zu 30,4 % in allen übrigen Ländern.

---

[33] *Löns*, L/H, § 3 Rn. 15.
[34] *Wiesner/Westermeier*, Das staatliche Haushalts-, Kassen- und Rechnungswesen, S. 53 Rn. 192.
[35] *Wiesner/Westermeier*, Das staatliche Haushalts-, Kassen- und Rechnungswesen, S. 53 Rn. 196.
[36] *Bieback* in *Gagel*, SGB II, § 2 Rn. 1.
[37] *Kohte* in *Gagel*, SGB II, § 14 Rn. 19 ff.
[38] *Münder* in LPK-SGB II, Einleitung, Rn. 9.
[39] *BMAS*, Übersicht über das Sozialrecht, S. 44.
[40] *Harich* in *Eicher/Spellbrink*, SGB II, § 46 Rn. 7.
[41] *Knapp* in juris-PK SGB II, § 46 Rn. 39; BT-Drucks. 17/3404 S. 2.

Die Gesamtverwaltungskosten werden gemäß § 46 Abs. 3 SGB II anteilig zu derzeit 84,8 % vom Bund und zu 15,2 % von den Kommunen getragen.
Des Weiteren kann der Bund beispielsweise den Verteilungsmaßstab festlegen, nach welchem Eingliederungsleistungen und Verwaltungskosten an die Arbeitsagenturen verteilt werden. Auf die Finanzierung im Einzelnen soll jedoch, aufgrund der Komplexität, nicht eingegangen werden.[42]

4. Anspruchsvoraussetzungen

Im Kapitel 2 des SGB II (§§ 7-13) sind die Anspruchsvoraussetzungen für den Bezug von Arbeitslosengeld II geregelt, auf welche an dieser Stelle kurz eingegangen werden soll.

Leistungen der Grundsicherung für Arbeitsuchende erhalten gemäß § 7 Abs. 1 S. 1 SGB II erwerbsfähige und hilfebedürftige Personen zwischen dem 15. Lebensjahr und der dynamischen Altersgrenze zwischen dem 65. und 67. Lebensjahr (§ 7a SGB II), soweit sie ihren gewöhnlichen Aufenthalt in der BRD haben und kein Ausschlusstatbestand nach § 7 Abs. 1 S. 2, Abs. 4 – 6 SGB II vorliegt, beispielsweise ein sechsmonatiger stationärer Aufenthalt.[43] Es wird daher auch von „erwerbsfähigen Hilfebedürftigen" gesprochen.

Nach § 7 Abs. 2 SGB II erhalten auch Personen Leistungen, die mit dem erwerbsfähigen Hilfebedürftigen in einer Bedarfsgemeinschaft[44] leben. Wer im Detail zur Bedarfsgemeinschaft gehört, ist in § 7 Abs. 3 SGB II abschließend geregelt.

a) Erwerbsfähigkeit

Wer nicht wegen Krankheit oder Behinderung auf absehbare Zeit außerstande ist, unter den üblichen Bedingungen des allgemeinen Arbeitsmarktes mindestens drei Stunden täglich erwerbstätig zu sein, ist gemäß § 8 Abs. 1 SGB II erwerbsfähig. Es kommt hier allein darauf an, ob derjenige theoretisch in der Lage ist, die Arbeit zu verrichten und nicht, ob es praktisch, beispielsweise aufgrund einer Kinderbetreuung, nicht möglich ist.[45] Absehbar ist die Zeit, wenn die Voraussetzungen innerhalb von sechs Monaten eintreten.[46]

---
[42] Weitergehende Literatur: *Harich* in *Eicher/Spellbrink*, SGB II, § 46.
[43] *Fahlbusch* in *Rolfs/Giesen/Kreikebohm/Udsching*, Sozialrecht, § 7 S.12.
[44] Als Bedarfsgemeinschaft bezeichnet der Gesetzgeber u.a. eine Gruppe, in der jeder Einzelne mit seinem Einkommen und Vermögen für die Gruppe einsteht. Damit wird automatisch auch die Höhe des individuellen Leistungsanspruchs beeinflusst. Eine einzelne Person bildet jedoch auch eine Bedarfsgemeinschaft für sich. Weitergehende Literatur: *Löcher*, Handwörterbuch SGB II, S. 63.
[45] *BMAS*, Übersicht über das Sozialrecht, S. 19.
[46] BT-Drucks. 15/1516 S. 52.

Ausländer sind des Weiteren nur dann erwerbsfähig, wenn ihnen die Aufnahme einer Beschäftigung erlaubt ist oder erlaubt werden könnte (§ 8 Abs. 2 SGB II).

b) Hilfebedürftigkeit

Gemäß § 9 Abs. 1 SGB II ist hilfebedürftig, wer seinen Lebensunterhalt nicht oder nicht ausreichend aus dem zu berücksichtigenden Einkommen (§ 11 SGB II) oder Vermögen (§ 12 SGB II) decken kann und die erforderliche Hilfe nicht von anderen, insbesondere Angehörigen oder Sozialleistungsträgern, erhält. Hier werden die Grundsätze der Nachrangigkeit der Grundsicherung für Arbeitsuchende sowie des Forderns, insbesondere der Eigenverantwortung, deutlich.[47] Bei der Feststellung der Hilfebedürftigkeit werden gemäß §§ 11 a, b SGB II beim Einkommen bestimmte Privilegierungen und Absetzbeiträge und beim Vermögen gemäß § 12 SGB II bestimmtes Schonvermögen berücksichtigt. So wird beispielsweise Schmerzensgeld gemäß § 11 a Abs. 2 SGB II nicht als Einkommen berücksichtigt und notwendige Ausgaben, die mit der Erzielung von Einkommen verbunden sind, können gemäß § 11 b Abs. 1 S. 1 Nr. 5 SGB II als Werbungskosten abgesetzt werden. Schonvermögen wird beispielsweise dadurch erzielt, dass gemäß § 12 Abs. 2 S. 1 Nr. 1 SGB II ein Grundfreibetrag für jede volljährige Person in Höhe von 150 € je vollendetem Lebensjahr, mindestens aber 3.100 €, berücksichtigt wird.[48]

Die Feststellung, ob Personen erwerbsfähig und hilfebedürftig sind, obliegt gemäß § 44 a SGB II der Agentur für Arbeit.

c) Gewöhnlicher Aufenthalt

Den gewöhnlichen Aufenthalt hat jemand gemäß § 30 Abs. 3 S. 2 SGB I dort, wo er sich unter Umständen aufhält, die erkennen lassen, dass er an diesem Ort oder in diesem Gebiet nicht nur vorübergehend verweilt. Der Aufenthalt muss also auf eine gewisse Dauer angelegt sein.[49] Ein Aufenthalt ist dann dauerhaft, wenn und solange er nicht auf Beendigung angelegt und daher zukunftsoffen ist.[50]

Liegen alle Voraussetzungen vor, besteht grundsätzlich ein Anspruch auf die im nachfolgenden Kapitel genannten Leistungen.

---

[47] BT-Drucks. 15/1516 S. 52.
[48] Weitergehende Literatur: *Eicher/Spellbrink*, SGB II, §§ 11 ff.
[49] *Mrozynski*, SGB I, § 30 Rn. 19.
[50] BSG Urteil vom 27.01.1994 - 5 RJ 16/93 -; MDR 1994, 1229.

5. Leistungsbereiche des SGB II

Die Leistungen in der Grundsicherung für Arbeitsuchende umfasst gemäß § 1 Abs. 3 SGB II die Eingliederung in Arbeit sowie die Sicherung des Lebensunterhalts.

a) Leistungen zur Eingliederung in Arbeit

Leistungen zur Beendigung oder Verringerung der Hilfebedürftigkeit, insbesondere durch Eingliederung in Arbeit, umfassen die Leistungen, die in Abschnitt 1 des 3. Kapitels des SGB II geregelt sind. Diese enthalten beispielsweise die Beratung und Vermittlung, Sofortangebote, Eingliederungszuschüsse und Arbeitsgelegenheit.

Auf diesen Leistungsbereich der Grundsicherung soll jedoch in diesem Buch nicht näher eingegangen werden, da vielmehr der nachfolgende Leistungsbereich Thema des Buchs ist.

b) Leistung zur Sicherung des Lebensunterhalts

Die Leistungen, die primär der Sicherung des Lebensunterhalts dienen, sind im Abschnitt 2 des 3. Kapitels des SGB II geregelt.[51] Folgende Leistungen sind normiert:

(1) Regelbedarf

Der Regelbedarf umfasst gemäß § 20 Abs. 1 S. 1 und 2 SGB II insbesondere Ernährung, Kleidung, Körperpflege, Hausrat und Haushaltsenergie ohne die auf Heizung und Erzeugung von Warmwasser entfallenden Anteile sowie in vertretbarem Umfang eine Teilhabe am sozialen und kulturellen Leben in der Gemeinschaft. Der Regelbedarf wird als monatlicher Pauschalbetrag erbracht (§ 20 Abs. 1 S. 3 SGB II).

Zu beachten ist, dass nichterwerbsfähige Leistungsberechtigte, die mit erwerbsfähigen Leistungsberechtigten in einer Bedarfsgemeinschaft leben, gemäß § 19 Abs. 1 S. 2 SGB II Sozialgeld[52] erhalten, soweit sie keinen Anspruch auf Leistungen nach dem Vierten Kapitel des SGB XII haben (Grundsicherung im Alter und bei Erwerbsminderung).

---

[51] *Grote-Seifert* in juris-PK SGB II, § 1 Rn. 67.
[52] Als Sozialgeld bezeichnet der Gesetzgeber eine Leistung zur Sicherung des Lebensunterhaltes für nicht erwerbsfähige Leistungsberechtigte, die mit erwerbsfähigen Leistungsberechtigten in einer Bedarfsgemeinschaft leben. Weitergehende Literatur: *Löcher*, Handwörterbuch SGB II, S. 189.

(2) Leistung für Unterkunft und Heizung

Bedarfe für Unterkunft und Heizung werden gemäß § 22 Abs. 1 S. 1 SGB II grundsätzlich in Höhe der tatsächlichen Aufwendungen anerkannt; jedoch nur soweit diese angemessen sind. Übersteigen sie den angemessenen Umfang, werden sie als Bedarf in der Regel für längstens sechs Monate berücksichtigt (§ 22 Abs. 1 S. 3 SGB II). Sollte die Miete bis zu diesem Zeitpunkt nicht reduziert worden sein, beispielsweise durch Untervermietung oder Umzug, muss der Differenzbetrag aus dem Regelbedarf geleistet werden.

(3) Mehrbedarfe

Regelungen zur Anerkennung von Mehrbedarfen finden sich in § 21 SGB II. Mehrbedarfe umfassen danach Bedarfe, die nicht durch den Regelbedarf abgedeckt sind. Mehrbedarfe können erbracht werden für Schwangerschaft, Alleinerziehende, behinderte Leistungsberechtigte, kostenaufwendige Ernährung sowie Warmwassererzeugung. Seit dem 3. Juni 2010 wird dieser auch erbracht für einen unabweisbaren, laufenden, nicht nur einmaligen besonderen Bedarf.[53]
Die Summe der Mehrbedarfe, mit Ausnahme der der Warmwassererzeugung und des unabweisbaren Bedarfs, darf die Höhe des maßgebenden Regelbedarfs nicht übersteigen.

Besonderheiten gelten bei Empfängern von Sozialgeld gemäß § 23 Nr. 2 bis 4 SGB II.

(4) Sonderbedarfe

Soweit im Einzelfall ein vom Regelbedarf umfasster unabweisbarer Bedarf nicht gedeckt werden kann, besteht die Möglichkeit, dass die Agentur für Arbeit ein entsprechendes Darlehen leistet (§ 24 Abs. 1 S. 1 SGB II). Dieses ist grundsätzlich durch monatliche Aufrechnung in Höhe von zehn % des maßgeblichen Regelbedarfs zu tilgen (§ 42 a Abs. 2 SGB II). Etwas anderes ergibt sich beispielsweise bei der Gewährung eines Darlehens nach § 24 Abs. 5 SGB II, bei welchem das Darlehen nach erfolgter Verwertung sofort fällig wird (§ 42 a Abs. 3 SGB II).

Nicht vom Regelbedarf erfasst sind gemäß § 24 Abs. 3 SGB II Erstausstattungen für die Wohnung einschließlich Haushaltsgeräten, Erstausstattungen für Bekleidung und Erstausstattungen bei Schwangerschaft und Geburt sowie An-

---

[53] BGBl. I S. 671 (2010).

schaffung und Reparaturen von orthopädischen Schuhen, Reparaturen von therapeutischen Geräten und Ausrüstungen sowie die Miete von therapeutischen Geräten. Wird ein vorgenannter Bedarf nötig, wird dieser im Rahmen eines sogenannten verlorenen Zuschusses gedeckt und muss daher nicht vom Leistungsberechtigten zurückgezahlt werden.[54]

(5) Leistung für Bildung und Teilhabe

Die Leistungen für Bildung und Teilhabe sind in den §§ 28 und 29 SGB II geregelt und wurden im Rahmen der Neustrukturierung der Regelbedarfe zum 1. Januar 2011 eingeführt, um die materielle Basis für eine Chancengerechtigkeit bedürftiger Kinder und Jugendlicher herzustellen.[55] Sie bilden einen eigenständigen Bedarf neben dem Regelbedarf und werden unter bestimmten Voraussetzungen für die tatsächlichen Aufwendungen für Klassenfahrten und Schulausflüge, Ausstattung mit persönlichem Schulbedarf, Schülerbeförderung, Lernförderung, Mittagsverpflegung sowie Mitgliedschaftsbeiträge geleistet.

Anspruchsgrundlage für die Leistungen zur Bildung und Teilhabe schafft § 19 Abs. 2 SGB II.

Besonders hervorzuheben ist hier, dass der Bedarf selbst geeignet ist, eine Hilfebedürftigkeit auszulösen. Dies war früher nicht so, da ein solcher Bedarf damals erst geleistet wurde, wenn man sich bereits im Leistungsbezug befand.[56]

6. Der Regelbedarf im Einzelnen

Die Regelbedarfshöhe in der Grundsicherung der Arbeitsuchenden ist unter anderem abhängig vom Alter der Hilfebedürftigen und der Zusammensetzung der Bedarfsgemeinschaft.[57]

Eine Aufteilung im Einzelnen wird wie folgt vorgenommen, wobei die Regelbedarfsstufe 1 den bisherigen Eckregelsatz des BSHG ablöst:[58]

---

[54] *Kohte* in KSW, § 24 SGB II Rn. 14, 23.
[55] BT-Drucks. 17/3404, S. 104.
[56] BT-Drucks. 17/3404, S. 105.
[57] *Hoenig/Kuhn-Zuber*, Recht der Grundsicherung, S. 128 Rn. 11.
[58] BT-Drucks. 17/3404 S. 130.

Regelbedarfsstufen	Regelbedarfsgruppe	Regelbedarf ab 01.01.2013[59]	Rechtsgrundlage
1	o erwachsene alleinstehende Person o erwachsene alleinerziehende Person o erwachsene Person mit minderjährigem Partner	382 €	§ 20 Abs. 2 S. 1 SGB II
2	o volljährige Partner im gemeinsamen Haushalt	345 €	§ 20 Abs. 4 SGB II
3	o Personen von 18–24 Jahren, die keinen eigenen oder gemeinsamen Haushalt führen oder ohne Zusicherung umziehen	306 €	§ 20 Abs. 3 i.V.m. § 20 Abs. 2 S. 2 Nr. 2 SGB II
4	o Personen von 14–17 Jahren o minderjährige Partner	289 €	§ 20 Abs. 2 S. 2 Nr. 1 i.V.m. § 23 Nr. 1 SGB II
5	o Personen von 6–13 Jahren	255 €	§ 23 Nr. 1 SGB II
6	o Personen von 0–5 Jahren	224 €	§ 23 Nr. 1 SGB II

a) **Referenzgruppen**

Nach § 2 RBEG bildet der Einpersonenhaushalt die Referenzgruppe für die Regelbedarfsstufen 1–3. Dabei erhält die erste Regelbedarfsstufe 100 % des Regelbedarfs, die zweite erhält 90 % und die dritte 80 %.[60]

Die Familienhaushalte[61] bilden die Referenzgruppe für die Regelbedarfsstufen 4–6, wobei die Regelbedarfe für Kinder und Jugendliche in einer gesonderten empirischen Studie ermittelt wurden.[62]

In diesem Buch sollen grundsätzlich jedoch nur die Regelbedarfsstufen 1–3 thematisiert werden.

b) **Entwicklung der Regelbedarfshöhe**

In Folge des Gesetzes zur Änderung des Zweiten Sozialgesetzbuches und anderer Gesetze vom 24. März 2006 wurde der Regelbedarf für Gesamt-

---
[59] BGBl. I S. 2175.
[60] BT-Drucks. 15/1516 S. 56.
[61] Dazu zählen zwei Erwachsene mit einem Kind; s. auch BT-Drucks. 17/3404 S. 87.
[62] BT-Drucks. 17/3404 S. 42.

deutschland bundeseinheitlich festgelegt.[63] Durch das Gesetz zur Ermittlung von Regelbedarfen und zur Änderung des Zweiten und Zwölften Buches Sozialgesetzbuch vom 24. März 2011 wurde der ursprüngliche Begriff der „Regelleistung" durch den des „Regelbedarfs" ersetzt.[64]

Die Entwicklung des Regelbedarfs bewegte sich bisher fast ausschließlich im einstelligen Bereich:

Jahr	Regelbedarfsstufe 1[65]	Regelbedarfsstufe 2[66]	Regelbedarfsstufe 3[67]
2005	345 € (West) 331 € (Ost)	311 € (West) 298 € (Ost)	276 € (West) 265 € (Ost)
2006	345 €	311 €	276 €
2007	347 €	312 €	278 €
2008	351 €	316 €	281 €
2009	359 €	323 €	287 €
2010	359 €	323 €	287 €
2011	364 €	328 €	291 €
2012	374 €	337 €	299 €
2013	382 €	345 €	306 €

Eine Erhöhung im Jahr 2006 fand nicht statt, da sich der aktuelle Rentenwert nicht erhöht hatte, an deren Entwicklung der Regelbedarf bis dato gekoppelt war.[68] Im Jahr 2010 erfolgte aufgrund des Grundsatzurteils des BVerfG keine Anpassung, da diese grundsätzlich überarbeitet werden musste.[69]

Das Referenzsystem für die momentane Bemessung der Regelbedarfe ist § 28 SGB XII i.V.m. dem Regelbedarfs-Ermittlungsgesetz (RBEG), wobei sich diese zueinander verhalten wie „Grundgesetz" zu „Ausführungsgesetz".[70]

---

[63] BGBl. I S. 558.
[64] BGBl. I S. 453.
[65] BGBl. I S. 2718 (2005); BGBl. I S. 1702 (2006); BGBl. I S. 1139 (2007); BGBl. I S. 1102 (2008); BGBl. I S. 1342 (2009); BGBl. I S. 820 (2010); BGBl. I S. 453 (2011); BGBl. I S. 2092 (2012); BGBl. I S. 2175 (2013).
[66] Entspricht gerundet 90 % der Regelbedarfsstufe 1; BGBl. I S. 2961 (2003).
[67] Entspricht gerundet 80 % der Regelbedarfsstufe 1; BGBl. I S. 2961 (2003).
[68] BVerfGE 125, 175, 251.
[69] Bekanntmachung über die Höhe der Regelleistung nach § 20 Absatz 2 Satz 1 des Zweiten Buches Sozialgesetzbuch für die Zeit ab 1. Juli 2010; BGBl. I S. 820 (2010).
[70] *Mogwitz, Beate,* juris PR-SozR 6/2011, Anm. 1 II.

c) **Regelbedarfsrelevante Verbrauchsausgaben**

Der Regelbedarf umfasst gemäß § 20 Abs. 1 S. 3, 4 SGB II sowohl laufende als auch einmalige Bedarfe und wird als Pauschalbetrag geleistet, über welchen die Leistungsberechtigten eigenverantwortlich entscheiden sollen. Folgende Verbrauchsausgaben werden gemäß §§ 5, 6 RBEG für den Regelbedarf berücksichtigt:

Abteilung 01	Nahrungsmittel, alkoholfreie Getränke
Abteilung 03	Bekleidung und Schuhe
Abteilung 04	Wohnen, Energie, Wohnungsinstandhaltung
Abteilung 05	Innenausstattung, Haushaltsgeräte und -gegenstände
Abteilung 06	Gesundheitspflege
Abteilung 07	Verkehr
Abteilung 08	Nachrichtenübermittlung
Abteilung 09	Freizeit, Unterhaltung, Kultur
Abteilung 10	Bildung
Abteilung 11	Beherbergungs- und Gaststättendienstleistungen
Abteilung 12	Andere Waren und Dienstleistungen

Es ist vorsorglich darauf hinzuweisen, dass die Abteilung 02 im Zuge der Überarbeitung der Regelbedarfe zum 1. Januar 2011 gestrichen wurde.[71]

Auf die einzelnen Positionen der Abteilungen sowie deren Verfassungsmäßigkeit wird im Kapitel IV. näher eingegangen.

III. Berechnung des Regelbedarfs

Der Regelbedarf in der Grundsicherung der Arbeitsuchenden und somit das Existenzminimum kann anhand des Warenkorb- oder Statistikmodelles ermittelt werden.[72]

A. Warenkorbmodell

Im Jahr 1955 stellte der Deutsche Verein für private und öffentliche Fürsorge erstmalig einen Warenkorb (Bedarfsmengenschema) auf, der den für einen Hilfebedürftigen idealtypischen Bedarf an Gütern und Dienstleistungen wider-

---

[71] BT-Drucks. 17/3404 S. 53.
[72] *Lenze* in LPK-SGB II, Anhang § 20, § 1 RBEG Rn. 1.

spiegelte, den dieser zur Deckung des Lebensunterhalts benötigte.[73] In den Jahren 1962, 1970 und 1985 wurde der Warenkorb reformiert bzw. angepasst.[74] Auf der Grundlage des Warenkorbmodells wurde zwischen 1955 und 1961 der Regelbedarf an Fürsorgeleistungen und ab dem Jahr 1962 der Regelsatz der Sozialhilfe nach dem BSHG ermittelt.[75]

Bei dieser Methode entscheiden Experten über die im Warenkorb enthaltenen notwendigen Güter, die jeweils erforderliche Menge sowie die relevanten Preise.[76]

Zentraler Kritikpunkt war hier, dass die Ermittlung nicht auf statistischer Grundlage beruhte, sondern auf teilweise sachfremden und willkürlichen normativen Entscheidungen.[77] Eine Weiterentwicklung des Verfahrens wurde daher für notwendig erachtet.[78] Dies führte im Jahr 1989 auf Beschluss der Ministerpräsidentenkonferenz dazu, dass ein neues Modell Grundlage der Berechnung werden sollte: Das Statistikmodell.[79]

B. Statistikmodell

Das Statistikmodell ist seit dem 1. Juli 1990 bis heute Berechnungsgrundlage für die Festlegung des Regelsatzes.[80]

Grundlage dieses Modells ist das statistisch ermittelte, tatsächliche Verbrauchsverhalten von Haushalten im unteren Einkommensbereich.[81] Es hat gegenüber dem Warenkorbmodell den Vorteil, dass neben dem reinen physischen Existenzminimum zusätzlich in vertretbarem Umfang auch Aufwendungen zur Gewährung an gesellschaftlicher Teilhabe berücksichtigt werden (soziokulturelles Existenzminimum).[82]

Zahlenmäßige Grundlage dieses Verbrauchsverhaltens bildet die Einkommens- und Verbrauchsstichprobe (EVS).

C. Einkommens- und Verbrauchsstichprobe

Die EVS wird alle fünf Jahre vom Statistischen Bundesamt durchgeführt, wobei die Teilnahme auf freiwilliger Basis erfolgt.[83] Die Rechtsgrundlage bildet das

---

[73] *Sartorius* in *Berlit/Conradis/Sartorius*, Kapitel 24 Rn. 30.
[74] *Sartorius* in *Berlit/Conradis/Sartorius*, Kapitel 24 Rn. 31, 32.
[75] BT-Drucks. 17/3404 S. 50
[76] *Lenze* in LPK-SGB II, Anhang § 20, § 1 RBEG Rn. 1.
[77] BT-Drucks. 17/3404 S. 50.
[78] BT-Drucks. 17/3404 S. 50.
[79] BT-Drucks. 17/3404 S. 50.
[80] *Sartorius* in *Berlit/Conradis/Sartorius*, Kapitel 24 Rn. 33.
[81] *Sartorius* in *Berlit/Conradis/Sartorius*, Kapitel 24 Rn. 33.
[82] BVerfG, Urteil v. 09.02.2010 - 1 BvL 1/09 -; BVerfGE 125, 175, 235.
[83] *Behrend* in juris-PK SGB II, § 20 Rn. 67.

Gesetz über die Statistik der Wirtschaftsrechnungen privater Haushalte (PrHaushStatG).[84]

Damit ein ausreichender Stichprobenumfang erreicht wird, werden rund 0,2 % aller privaten Haushalte in fast allen sozialen Gruppierungen in Deutschland befragt.[85] Bei der letzten Stichprobe im Jahr 2008 nahmen 55 110 Haushalte teil.[86]

Die EVS wird in den alten Bundesländern seit 1962/63 und in den neuen Bundesländern seit 1993 durchgeführt.[87]

1. Erhebungsteile

Die EVS ist in Deutschland die einzige statistische Erhebung, die die Einkommens-, Vermögens- und Schuldensituation sowie die Konsumausgaben der einzelnen Haushalte erfasst. Hierzu müssen die Haushalte vier Erhebungsteile ausfüllen und führen. Im ersten Teil werden die soziodemografischen und sozioökonomischen Grunddaten der Haushalte und Einzelpersonen sowie die Wohnsituation und die Ausstattung mit Gebrauchsgütern erfasst. Das Sach- und Geldvermögen sowie eventuell bestehenden Schulden werden im zweiten Teil aufgezeichnet. Den dritten Teil stellt das Haushaltsbuch dar. Hier halten die Haushalte für drei Monate alle ihre Einnahmen und Ausgaben fest. Damit ein komplettes Jahr abgedeckt wird, schreibt jeweils ein Viertel der teilnehmenden Haushalte je ein Quartal auf. Das Feinaufzeichnungsheft für Nahrungsmittel, Getränke und Tabakwaren bildet den vierten Teil. Dabei schreibt jeder fünfte teilnehmende Haushalt für einen Monat detailliert alle Ausgaben für Speisen und Getränke nach Menge und Preis auf.[88]

Aufgrund der erhobenen Datenmenge können die Ergebnisse jedoch erst mit Zeitverzögerung Einfluss auf die Höhe der Regelbedarfe nehmen. So werden die Ergebnisse der Teile eins und zwei der EVS 2013 erst im Herbst 2013 zur Verfügung stehen; die Ergebnisse der Teile drei und vier erst rund zwei Jahre später.[89]

---

[84] *Sartorius* in *Berlit/Conradis/Sartorius*, Kapitel 24 Rn. 38.
[85] Quelle: Statistisches Bundesamt https://www.destatis.de/DE/Meta/AbisZ/Einkommens_Verbrauchsstichprobe.html, abgerufen am 14.05.2013.
[86] BT-Drucks. 17/3404 S. 51.
[87] Ausschussdrucks. 16(11)286 S. 19.
[88] Quelle: Statistisches Bundesamt https://www.destatis.de/DE/Meta/AbisZ/Einkommens_Verbrauchsstichprobe.html, abgerufen am 14.05.2013.
[89] Quelle: Statistisches Bundesamt https://www.destatis.de/DE/Meta/AbisZ/Einkommens_Verbrauchsstichprobe.html, abgerufen am 14.05.2013.

2. Quotenstichprobe

Die EVS wird als eine Quotenstichprobe durchgeführt. Dies bedeutet, dass die Haushalte nach einem vorgegebenen Quotenplan ausgewählt und befragt werden. Dabei wird die Grundgesamtheit der Haushalte anhand von bestimmten Quotierungsmerkmalen (Bundesländer, Haushaltstyp, soziale Stellung der Haupteinkommensperson, Haushaltsnettoeinkommen) in Gruppen geteilt. Dann wird für die so gewonnenen Quotierungszellen die Anzahl der jeweils zu befragenden Haushalte ermittelt.[90]

3. Plausibilitätskontrollen und Ausgrenzungen

Um das Ergebnis der EVS möglichst genau und verlässlich zu ermitteln, werden Plausibilitätskontrollen durchgeführt, welche formale und offensichtlich inhaltliche Fehler bereinigen sollen.[91] Hier sei beispielsweise die Plausibilisierung des überwiegenden Lebensunterhalts mit den zulässigen Einkommensarten der Personen genannt.[92] Unberücksichtigt bleiben jedoch Personen in Gemeinschaftsunterkünften und Anstalten sowie Haushalte, deren monatliches Haushaltsnettoeinkommen bei 18 000 € und höher liegt.[93]

Eine bildliche Darstellung des Ablaufs bietet die folgende Abbildung des BMAS:

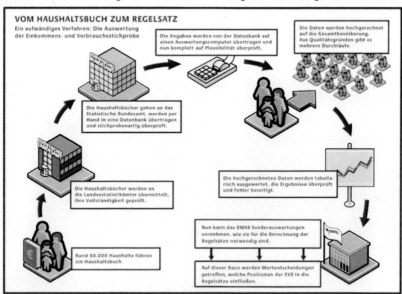

Quelle: http://www.bmas.de/SharedDocs/Bilder/DE/Schaubilder/prozess-regelsatzermittlung-sgb-II-detail.html

---

[90] Quelle: Statistisches Bundesamt https://www.destatis.de/DE/Meta/AbisZ/Einkommens_Verbrauchsstichprobe.html, abgerufen am 14.05.2013.
[91] Statistisches Bundesamt, Fachserie 15, Heft 7, EVS 2008, S. 29.
[92] Statistisches Bundesamt, Fachserie 15, Heft 7, EVS 2008, S. 30.
[93] Statistisches Bundesamt, Fachserie 15, Heft 7, EVS 2008, S. 6.

D. Laufende Wirtschaftsrechnungen

Eine mögliche Alternative zu der EVS stellt die Statistik der Laufenden Wirtschaftsrechnungen (LWR) dar. Diese wird jährlich durch das Statistische Bundesamt durchgeführt und die Teilnahme ist freiwillig. Die Rechtsgrundlage bildet auch hier das Gesetz über die Statistik der Wirtschaftsrechnungen privater Haushalte (PrHaushStatG).

Es handelt sich um eine repräsentative Quotenstichprobe, an der 8 000 Haushalte fast aller sozialen Gruppierungen teilnehmen. Ausgenommen sind Haushalte von Selbständigen und selbständigen Landwirten bzw. -wirtinnen, Personen in Gemeinschaftsunterkünften und Anstalten sowie Haushalte mit einem monatlichen Haushaltsnettoeinkommen über 18 000 €.

Die Haushalte werden bei dieser Umfrage zu ihren Einkommensverhältnissen, zum Konsumverhalten, zur Wohnsituation und zur Ausstattung mit Gebrauchsgütern befragt. Hierzu müssen diese zwei Erhebungsteile ausfüllen. Den ersten Teil bilden die Allgemeinen Angaben unter anderem zur Ausstattung mit Gebrauchsgütern. Den zweiten Teil bildet das Haushaltsbuch, in welchem Angaben über die jeweiligen Einnahmen und Ausgaben gemacht werden. Dieses führen jeweils ein Viertel der Haushalte für jeweils ein Quartal.

Verwendung finden die Ergebnisse der LWR bezüglich der Konsumausgaben in der amtlichen Statistik für die Neufestsetzung des Wägungsschemas der Verbraucherpreisstatistik. Ebenso dienen sie als Datenbasis für die Verwendungsrechnung der Volkswirtschaftlichen Gesamtrechnungen.[94]

E. Fortschreibung der Regelbedarfe

Da die Auswertungen der EVS, wie bereits oben erwähnt, teilweise zwei Jahre dauert und auch die Entwicklung in dem Fünfjahreszeitraum zwischen der EVS berücksichtigt werden muss, werden die Regelbedarfe bis dahin mit einem Fortschreibungsmechanismus an die Entwicklung angepasst.[95] Die Anpassung hat ihre Rechtsgrundlage in § 20 Abs. 5 S. 1 SGB II i.V.m. § 28 a SGB XII und erfolgt jeweils zum 1. Januar eines jeden Jahres.

1. Fortschreibung nach der Regelsatzverordnung

Vor der Grundsatzentscheidung[96] des BVerfG erfolgte die Fortschreibung der Regelbedarfe anhand der Rentenentwicklung. Damalige Rechtsgrundlage war die Verordnung zur Durchführung des § 28 des Zwölften Buches Sozialgesetz-

---

[94] Quelle: Statistisches Bundesamt https://www.destatis.de/DE/Meta/AbisZ/Laufende Wirtschaftsrechnungen.html, abgerufen am 29.05.2013.
[95] *Lenze* in LPK-SGB II, Anhang § 20, § 7 RBEG Rn. 1.
[96] *BVerfG*, Urteil v. 09.02.2010 - 1 BvL 1/09 -; BVerfGE 125, 175.

buch (Regelsatzverordnung - RSV[97]), welche von Januar 2005 bis Dezember 2010 Anwendung fand. Die Fortschreibung erfolgte danach jeweils zum 1. Juli eines Jahres, in dem keine Neubemessung der Regelsätze aufgrund einer neuen EVS eintrat, um den Vomhundertsatz, um den sich der aktuelle Rentenwert in der gesetzlichen Rentenversicherung veränderte.

2. Fortschreibung nach dem RBEG

Als Folge des Grundsatzurteils des BVerfG erfolgt die Fortschreibung der Regelbedarfe seit Januar 2011 nach dem RBEG.[98] Eine Anpassung erfolgt nun im Rahmen eines sogenannten „Mischindex". Dieser berechnet sich gemäß § 28 a Abs. 2 S. 1 SGB XII zu 70 % aus der bundesdurchschnittlichen Entwicklung der Preise für regelbedarfsrelevante Güter und Dienstleistungen sowie zu 30 % aus der bundesdurchschnittlichen Entwicklung der Nettolöhne und -gehälter je beschäftigtem Arbeitnehmer. Maßgeblich ist die Entwicklung vom 1. Juli des Vorvorjahres bis zum 30. Juni des Vorjahres gegenüber dem davorliegenden Zwölfmonatszeitraum. Für den Regelbedarf ab 1. Januar 2013 ist somit die Veränderungsrate in dem Zeitraum vom 1. Juli 2011 bis zum 30. Juni 2012 maßgeblich.

Inwieweit die Berechnungsmethode des Regelbedarfs verfassungsrechtlich konform ist, wird im folgenden Kapitel näher erläutert.

IV. Verfassungsmäßige Beurteilung

Das Grundsatzurteil vom BVerfG hat zur Überarbeitung des gesamten Regelbedarfs in der Grundsicherung der Arbeitsuchenden geführt. Doch warum und in welchem Verfahren das Bundesverfassungsgericht die Kompetenz inne hat, Gesetze für verfassungswidrig zu erklären, soll an dieser Stelle vollständigkeitshalber erläutert werden.

A. Zuständigkeit des BVerfG

Als „Hüter der Verfassung" hat das BVerfG „darüber zu wachen, dass das Grundgesetz weder formell noch sachlich durch Rechtsvorschriften des Bundes oder der Länder verletzt und andererseits die sich aus der bundesstaatlichen Struktur ergebende Gefahr vermieden wird, dass sonstiges Recht des Bundes durch Landesrecht beeinträchtigt wird."[99] So gehört die richterliche Normkontrolle

---

[97] BGBl. I S. 1067 (2004).
[98] BGBl. I S. 453 (2011).
[99] BVferGE 1, 184, 196 ff.

inzwischen zum demokratischen und rechtsstaatlichen Alltag.[100] Dabei werden sowohl das Landes- als auch das Bundesrecht am Grundgesetz gemessen, denn diesem steht bei Kollisionen der Vorrang zu.[101]

1. Verfassungsrechtliche Normkontrolle

Im Rahmen der Normkontrolle wird demnach die formelle und materielle Vereinbarkeit eines Gesetzes mit höherrangigem Recht überprüft, in diesem Fall die Vereinbarkeit einzelner Normen des Zweiten Buches Sozialgesetzbuch mit dem Grundgesetz der Bundesrepublik Deutschland.[102]

Eine verfassungsrechtliche Normkontrolle kann durch die Verfassungsbeschwerde, die abstrakte Normkontrolle oder die konkrete Normkontrolle eingeleitet werden. Die Verfahren unterscheiden sich im Zugang und Umfang der Normkontrolle.[103]

a) Verfassungsbeschwerde

Die Verfassungsbeschwerde ist in Art. 93 Abs. 1 Nr. 4 a GG i.V.m. § 13 Nr. 8 a, §§ 90 ff. BVerfGG geregelt. Jedermann kann Verfassungsbeschwerde einlegen, wenn er sich durch die öffentliche Gewalt in seinen Grundrechten oder in einem der Art. 20 Abs. 4, 33, 38, 101, 103 und 104 (grundrechtsgleiche Rechte) verletzt fühlt.[104]

(1) Zulässigkeitsvoraussetzungen

Beschwerdefähig ist jedermann, der Träger dieser Grundrechte bzw. grundrechtsgleichen Rechte sein kann. Hierzu gehören Deutsche nach Art. 116 I GG und in Bezug auf „Jedermann-Grundrechte"[105] grundsätzlich auch Ausländer. Auch juristische Personen können unter Umständen Träger sein.[106]

Verfahrensfähig ist, wer in der Lage ist, selbst oder durch einen selbst gewählten Vertreter Prozesshandlungen vorzunehmen.[107] Beschwerdegegenstand muss eine Maßnahme der öffentlichen Gewalt sein und somit ein hoheitlicher Eingriff durch Gesetzgebung, Rechtsprechung oder Verwaltung.[108] Beschwerdebefugt ist derjenige, der behauptet, durch den betreffenden Akt selbst, unmittelbar und

---

[100] *Schlaich/Korioth*, Das BVerfG, 4. Teil, 4. Abschnitt, Rn. 111.
[101] *Schlaich/Korioth*, Das BVerfG, 4. Teil, 4. Abschnitt, Rn. 117.
[102] *Battis/Gusy*, Einführung in das Staatsrecht, § 7 Rn. 322.
[103] *Schlaich/Korioth*, Das BVerfG, 4. Teil, 4. Abschnitt, Rn. 121.
[104] *Voßkuhle* in *v. Mangoldt/Klein/Starck*, GG III, Art. 93 Rn. 173.
[105] Jedermann-Grundrechte berechtigen grundsätzlich Jeden; dagegen gelten einige Grundrechte nur für Deutsche („Deutschen-Rechte"); weiterführende Literatur *Battis/Gusy*, Einführung in das Staatsrecht, § 10 Rn. 383 ff.
[106] *Hömig* in *Hömig*, GG für die BRD, Art. 93 Rn. 28.
[107] *Maurer*, Staatsrecht I, § 20 Rn. 129.
[108] *Maunz* in *Maunz/Düring*, Kommentar zum GG, Art 93 Rn. 69.

gegenwärtig in seinen Grundrechten oder grundrechtsgleichen Rechten verletzt worden zu sein.[109] Weiterhin muss grundsätzlich der Rechtsweg erschöpft sein, denn es gilt die Subsidiarität der Verfassungsbeschwerde.[110] Ebenso muss wie in jedem gerichtlichen Verfahren ein Rechtsschutzbedürfnis bestehen.[111] Die Urteilsverfassungsbeschwerde ist gemäß §§ 23, 93 BVerfGG schriftlich binnen eines Monats zu erheben und zu begründen. Richtet sich die Verfassungsbeschwerde gegen ein Gesetz, so ist sie gemäß § 93 III BVerfGG binnen eines Jahres nach Inkrafttreten des Gesetzes zu erheben.

(2)   Begründetheit

Die Verfassungsbeschwerde ist begründet, soweit der angegriffene Akt ein Grundrecht oder ein grundrechtgleiches Recht verletzt.[112]

(3)   Entscheidung

Gibt das BVerfG der Verfassungsbeschwerde statt, so kann es bei Verfassungsbeschwerden gegen Urteile gemäß § 95 Abs. 2 BVerfGG das Urteil aufheben und an das zuständige Gericht zurückverweisen.[113]

Bei Verfassungsbeschwerden mittelbar oder unmittelbar gegen ein Gesetz hat das BVerfG drei Möglichkeiten zu entscheiden. Erstens kann es die betreffende Norm oder das betreffende Gesetz für vereinbar mit dem Grundgesetz erklären.[114] Die zweite Möglichkeit ist die Nichtigkeitserklärung der verfassungswidrigen Norm gemäß §§ 78 S. 1, 82 I, 95 III S. 1 BVerfGG.[115] Das Gesetz oder die Norm ist dann von Anfang an (ex tunc) unwirksam.[116] Drittens kann es sich auf die Unvereinbarkeitserklärung beschränken.[117] Diese Möglichkeit der Entscheidung hat das BVerfG sich ohne gesetzliche Ermächtigung geschaffen.[118] Dazu hat das BVerfG folgende Regel formuliert: „Ausnahmsweise sind verfassungswidrige Vorschriften aber voll oder teilweise anzuwenden, wenn die Besonderheit der für verfassungswidrig erklärten Norm es aus verfassungsrechtlichen Gründen, insbesondere aus solchen der Rechtssicherheit, notwendig macht, die verfassungswidrige Vorschrift als Regelung für die Übergangszeit bestehen zu lassen, damit in dieser Zeit nicht ein Zustand besteht, der von der

---

[109] *Voßkuhle* in *v. Mangoldt/Klein/Starck*, GG III, Art. 93 Rn. 178.
[110] *Maunz* in *Maunz/Düring*, Kommentar zum GG, Art 93 Rn. 70.
[111] *Schlaich/Korioth*, Das BVerfG, 4. Teil, 5. Abschnitt, Rn. 256.
[112] *Maunz* in *Maunz/Düring*, Kommentar zum GG, Art 93 Rn. 73.
[113] *Schlaich/Korioth*, Das BVerfG, 4. Teil, 5. Abschnitt, Rn. 374 ff.
[114] BVerfGE 111, 10.
[115] *Schlaich/Korioth*, Das BVerfG, 5. Teil, Rn. 400.
[116] *Schlaich/Korioth*, Das BVerfG, 5. Teil, Rn. 379.
[117] *Schlaich/Korioth*, Das BVerfG, 5. Teil, Rn. 400.
[118] *Schlaich/Korioth*, Das BVerfG, 5. Teil, Rn. 396.

verfassungsmäßigen Ordnung noch weiter entfernt ist als der bisherige".[119] Dem Gesetzgeber wird somit eine Übergangsfrist eingeräumt, in der er die Verfassungswidrigkeit der Norm oder des Gesetzes beseitigen soll.[120] Das BVerfG kann die weitere Anwendung der Norm anordnen.[121] Die Entscheidung hat gemäß § 31 II BVerfGG Gesetzeskraft.

b) Abstrakte Normkontrolle

Die abstrakte Normkontrolle gemäß Art. 93 Abs. 1 Nr. 2 GG i.V.m. § 13 Nr. 6, §§ 76 ff. BVerfGG wird zwar auf Antrag, jedoch unabhängig vom konkreten Interesse des Antragstellers durchgeführt.[122] Gegenstand des Verfahrens ist ausschließlich die betreffende Norm in ihrer Vereinbarkeit mit dem Grund-gesetz.[123]

(1) Zulässigkeitsvoraussetzungen

Antragsberechtigt sind gemäß Art. 93 Abs. 1 Nr. 2 GG i.V.m. § 76 I BVerfGG der Gesetzgeber, die Landesregierung oder ein Viertel der Mitglieder des Bundestages. Antragsgegenstand kann nur Bundes- und Landesrecht jeder Rangstufe sein.[124] Gründe für den Antrag können Meinungsverschiedenheiten oder Zweifel im Bezug auf die Verfassungsmäßigkeit von Bundes- oder Landesrecht oder ein objektives Interesse an der Klarstellung der Gültigkeit der Norm sein.[125] Dieses Klarstellungsinteresse liegt beispielsweise dann vor, wenn die betreffende Norm gerade wegen der Unvereinbarkeit mit dem Grundgesetz oder Bundesrecht nicht angewandt wird.[126] Der Antrag ist gemäß § 23 Abs. 1 BVerfGG schriftlich zu begründen und unterliegt keiner Frist.[127]

(2) Begründetheit

Der Antrag ist begründet, soweit die angegriffene Norm nicht mit dem jeweiligen Prüfungsmaßstab vereinbar ist.[128] Prüfungsmaßstab ist für das Bundesrecht das Grundgesetz und für das Landesrecht das Grundgesetz sowie sonstiges Bundesrecht.[129]

(3) Entscheidung

---

[119] *Schlaich/Korioth*, Das BVerfG, 5. Teil, Rn. 420; BVerfGE 111, 191, 224; BVerfGE 115, 51, 63.
[120] *Schlaich/Korioth*, Das BVerfG, 5. Teil, Rn. 403; weiterführende Literatur: *Schlaich/Korioth*, Das BVerfG, 5. Teil; *Maurer*, Staatsrecht I, § 20.
[121] *Piroth* in *Jarass/Piroth*, GG Kommentar, Art. 100 Rn. 11; BVerfGE 117, 1, 28.
[122] *Gröpl*, Staatsrecht I, § 18 Rn. 1692.
[123] *Schlaich/Korioth*, Das BVerfG, 4. Teil, 4. Abschnitt, Rn. 123.
[124] *Voßkuhle* in *v. Mangoldt/Klein/Starck*, GG III, Art. 93 Rn. 121.
[125] *Piroth* in *Jarass/Piroth*, GG Kommentar, Art. 93 Rn. 24.
[126] *Voßkuhle* in *v. Mangoldt/Klein/Starck*, GG III, Art. 93 Rn. 124.
[127] *Piroth* in *Jarass/Piroth*, GG Kommentar, Art. 93 Rn. 26.
[128] *Gröpl*, Staatsrecht I, § 18 Rn. 1710.
[129] *Voßkuhle* in *v. Mangoldt/Klein/Starck*, GG III, Art. 93 Rn. 126.

Das Entscheidungsverfahren entspricht dem der Verfassungsbeschwerde gegen ein Gesetz. Das Bundesverfassungsgericht hat die Möglichkeit die betreffende Norm gemäß §§ 78, 31 II BVerfGG für vereinbar oder unvereinbar mit dem Grundgesetz bzw. sonstigem Bundesrecht zu erklären und stellt ggf. die Nichtigkeit oder lediglich die Unvereinbarkeit mit dem Grundgesetz der Norm fest.[130]

c) Konkrete Normkontrolle

Grundlage der konkreten Normkontrolle gemäß Art. 100 Abs. 1 GG i.V.m. § 13 Nr. 11, §§ 80 ff. BVerfGG ist ein konkretes gerichtliches Verfahren.[131] Hält ein Gericht eine Norm, die es in einem Rechtsstreit anzuwenden hat, für verfassungswidrig, stellt dies einen Fall der konkreten Normkontrolle dar.[132]

(1) Zulässigkeit

Vorlageberechtigt ist gemäß Art 100 Abs. 1 GG, § 80 Abs. 1 BVerfGG jedes Gericht. Vorlagegegenstand können nur formelle, vor- bzw. nachkonstitutionelle Gesetze der deutschen Staatsgewalt sein.[133] Demnach nur Parlamentsgesetze der BRD, die vor bzw. nach Inkrafttreten des Grundgesetzes verkündet worden sind.[134] Vorlagegrund ist gemäß Art. 100 Abs. 1 GG die Überzeugung des Richters von der Verfassungswidrigkeit der vorgelegten Norm sowie die Entscheidungserheblichkeit für den konkreten Fall, den die Vorlage betrifft.[135] Eine Überzeugung von der Verfassungswidrigkeit liegt dann vor, wenn das Gericht nicht nur Zweifel hat und die Möglichkeit einer verfassungskonformen Auslegung nicht besteht.[136] Entscheidungserheblichkeit liegt vor, wenn das Gericht im Ausgangsverfahren bei Ungültigkeit der Norm anders entscheiden würde als bei deren Gültigkeit.[137] Der Antrag ist gemäß §§ 23 Abs. 1, 80 Abs. 2 BVerfGG schriftlich zu begründen und unterliegt keiner Frist.[138]

(2) Begründetheit

Wie bei der abstrakten Normkontrolle ist auch hier der Antrag begründet, soweit die angegriffene Norm nicht mit dem jeweiligen Prüfungsmaßstab vereinbar ist.[139]

---

[130] *Maunz* in *Maunz/Düring*, Kommentar zum GG, Art 93 Rn. 41.
[131] *Battis/Guby*, Einführung in das Staatsrecht, § 7, Rn. 324.
[132] *Battis/Guby*, Einführung in das Staatsrecht, § 7, Rn. 324.
[133] *Gröpl*, Staatsrecht I, § 18, Rn. 1743 ff.
[134] *Sieckmann* in *v. Mangoldt/Klein/Starck*, GG III, Art. 100 Rn. 21 ff.
[135] *Sieckmann* in *v. Mangoldt/Klein/Starck*, GG III, Art. 100 Rn. 31 ff.
[136] *Piroth* in *Jarass/Piroth*, GG Kommentar, Art. 100 Rn. 10; BVerfGE 78, 104, 117.
[137] *Piroth* in *Jarass/Piroth*, GG Kommentar, Art. 100 Rn. 11.
[138] *Gröpl*, Staatsrecht I, § 18, Rn. 1754 ff.
[139] *Schlaich/Korioth*, Das BVerfG, 4. Teil, 4. Abschnitt, Rn. 161.

Prüfungsmaßstab ist für das Bundesrecht das Grundgesetz und für das Landesrecht das Grundgesetz sowie sonstiges Bundesrecht.

(3) Entscheidung

Das Entscheidungsverfahren entspricht dem der Verfassungsbeschwerde gegen ein Gesetz und dem der abstrakten Normkontrolle. Rechtsgrundlage sind §§ 82 Abs. 1, 78, 31 II BVerfGG.

Das Bundesverfassungsgericht entscheidet gem. § 81 BVerfGG lediglich über die Rechtsfrage und nicht über den Ausgangsfall.[140]

d) Normkontrolle bezüglich des Grundsatzurteils

In dem bereits angesprochenen Grundsatzurteil des BVerfG erfolgte der Vorlagebeschluss im Rahmen der konkreten Normkontrolle des Hessischen Landessozialgerichtes (LSG). Dieser wurde auch als zulässig und begründet erachtet. Das Hessische LSG hat dargelegt, dass es auf die Gültigkeit der Norm ankommt, da keine höheren Leistungen in Betracht kommen. Weiterhin hat es seine Überzeugung von der Verfassungswidrigkeit der Norm dargelegt und begründet und die Möglichkeit einer vorrangigen verfassungskonformen Auslegung nachvollziehbar verneint.[141] Die Entscheidung erging im Rahmen der Unvereinbarkeitserklärung, da eine Nichtigkeitserklärung einen Zustand geschaffen hätte, der noch weiter von der verfassungsmäßigen Ordnung entfernt wäre als der bisherige.[142] Dem Gesetzgeber wurde die Beseitigung der Verfassungswidrigkeit bis zum 31. Dezember 2010 und für die Einführung einer Härtefallregelung ab Verkündung des Urteils aufgegeben.[143] Von einer rückwirkenden Beseitigung wurde im Rahmen der ständigen Rechtsprechung des BVerfG abgesehen, da die verfassungsrechtlichen Maßstäbe für die Bemessung des Regelbedarfs bislang noch nicht vom BVerfG geklärt wurden, die Leistungen auch nicht evident unzureichend sind und eine rückwirkende Beseitigung einer geordneten Finanz- und Haushaltsplanung zuwiderlaufen würde.[144]

---

[140] *Gröpl*, Staatsrecht I, § 18 Rn. 1762.
[141] BVerfGE 125, 175, 219.
[142] BVerfGE 125, 175, 255.
[143] BVerfGE 125, 175, 257, 259.
[144] BVerfGE 125, 175, 258.

B. Das richtungsweisende Urteil des BVerfG

Im Folgenden soll nun auf das Grundsatzurteil des BVerfG vom 9. Februar 2010 – 1 BvL 1/09[145] – eingegangen und die Verfassungsmäßigkeit des Regelbedarfs in der Grundsicherung der Arbeitsuchenden näher beleuchtet werden.

1. Zusammenfassung

Geklagt hatte eine dreiköpfige Familie aus dem Kreis Werra-Meißner (Hessen), die bis Dezember 2004 Arbeitslosenhilfe erhielt und sich seit Januar 2005 als Bedarfsgemeinschaft im Leistungsbezug des Arbeitslosengeldes II befand. Streitig war der Bewilligungszeitraum von Januar bis Juni 2005, in dem das Jobcenter den Eltern jeweils Arbeitslosengeld II in der gesetzlich vorgeschriebenen Höhe von 311 € und der 1994 geborenen Tochter Sozialgeld in Höhe von 207 € monatlich bewilligte. Gegen diesen Bewilligungsbescheid vom 17. Dezember 2004 legte die Familie am 3. Januar 2005 Widerspruch ein, mit der Begründung, dass die Höhe des Arbeitslosengeldes II sowie die des Sozialgeldes nicht zur Sicherung ihres Existenzminimums ausreichen. Das Jobcenter wies den Widerspruch am 30. März 2005 mit dem Hinweis auf die Gesetzeslage zurück. Die daraufhin erhobene Klage[146] vor dem Sozialgericht (SG) Kassel wurde mit Datum vom 20. August 2007 als unbegründet zurückgewiesen, da die zuerkannte Leistung rechtmäßig sei. Unter Ergänzung ihres vorinstanzlichen Vortrags legte die Familie am 5. Oktober 2007 Berufung beim Hessischen LSG ein. Dieses kam nach Anhörung aller Beteiligten und Sachverständigen und der Einholung von vier Gutachten bezüglich der Ermittlung und Höhe des Regelbedarfs sowie zur Bedarfsgerechtigkeit zu dem Schluss, dass § 20 Abs. 1 bis 3 und § 28 Abs. 1 Satz 3 Nr. 1 SGB II unvereinbar mit dem Grundgesetz sind. Daher wurde das Verfahren mit Beschluss vom 29. Oktober 2008 ausgesetzt und dem Bundesverfassungsgericht zur Entscheidung vorgelegt. Auch dieses kam in seinem Grundsatzurteil vom 9. Februar 2010 zu dem Schluss, dass § 20 Abs. 1 bis 3 und § 28 Abs. 1 Satz 3 Nr. 1 SGB II nicht mit dem Grundgesetz vereinbar sind und forderten den Gesetzgeber auf, die entsprechenden Normen verfassungskonform zu gestalten.

---

[145] BVerfGE 125, 175.
[146] SG Kassel, Urteil v. 20.08.2007 - S 5 AS 119/05 -.

2. Beurteilungen und Vorgaben des BVerfG

Das BVerfG hatte im Rahmen der konkreten Normkontrolle lediglich die Höhe des Regelbedarfs sowie das Verfahren zur Bemessung und deren Gestaltung als Festbetrag zu prüfen.[147]
Ausdrücklich nicht Gegenstand des Verfahrens war die Gültigkeit des Regelbedarfs der neuen Bundesländer, der Regelbedarf der Kinder ab dem 15. Lebensjahr, der Regelbedarf der Regelbedarfsstufe 3 sowie die Besserstellung der Sozialhilfeempfänger gegenüber den Leistungsempfängern nach dem Zweiten Sozialgesetzbuch, da es darauf im Ausgangsverfahren nicht ankommt bzw. nicht entscheidungserheblich ist.[148]

Das BVerfG ist in seinem Urteil zu der Entscheidung gekommen, dass § 20 Abs. 2 1. Halbsatz, Abs. 3 S. 1 i.V.m. § 28 Abs. 1 SGB II unvereinbar ist mit dem Sozialstaatsprinzip (Art. 20 Abs. 1 GG) sowie mit dem Grundrecht auf Gewährleistung eines menschenwürdigen Existenzminimums (Art. 1 Abs. 1 GG).[149]
Das Sozialstaatsprinzip gebietet es dem Gesetzgeber, das menschenwürdige Existenzminimum zeit- und realitätsgerecht zu gestalten.[150]
Der Umfang des Grundrechtes auf Gewährleistung eines menschenwürdigen Existenzminimums lässt sich nicht aus dem Grundgesetz ableiten. Vielmehr steht dem Gesetzgeber sowohl bei der Bestimmung dieses Existenziniums als auch bei dessen Aktualisierung ein Gestaltungsspielraum zu.[151] Das Existenzminimum „ist enger, soweit der Gesetzgeber das zur Sicherung der physischen Existenz eines Menschen Notwendige konkretisiert, und weiter, wo es um Art und Umfang der Möglichkeit zur Teilhabe am gesellschaftlichen Leben geht".[152] Der unmittelbare verfassungsrechtliche Leistungsanspruch beschränkt sich jedoch nur auf das unbedingt Erforderliche und bezüglich des Ergebnisses nur darauf, ob die Leistung evident unzureichend ist.[153] Das BVerfG kann daher im Rahmen seines Möglichen lediglich prüfen, ob die Methode der Leistungsbemessung auf der Grundlage verlässlicher Zahlen und schlüssiger Berechnungsverfahren erfolgt und somit dem Grundgesetz gerecht wird.[154] Es ist nicht befugt, selbst einen Leistungsbetrag festzulegen.[155]
Vor diesem Hintergrund ist das BVerfG zu folgenden Beurteilungen gekommen:

---
[147] BVerfGE 125, 175, 219.
[148] BVerfGE 125, 175, 218 ff.
[149] BVerfGE 125, 175, 221.
[150] BVerfGE 125, 175, 224.
[151] BVerfGE 125, 175, 222, 224.
[152] BVerfGE 125, 175, 225.
[153] BVerfGE 125, 175, 223, 225, 256.
[154] BVerfGE 125, 175, 226.
[155] BVerfGE 125, 175, 256.

a) Ansparkonzept

Mit Einführung des SGB II wurde dazu übergegangen, einmalige Leistungen, die nur in unregelmäßigen Abständen entstehen, durch eine prozentuale Anhebung des Regelbedarfs zu decken. Aufgrund dieses Ansparkonzeptes hatte der Hilfebedürftige diesen erhöhten Teil zurückzubehalten, um einen eventuell einmalig auftretenden Bedarf aufzufangen. Dies ist laut BVerfG verfassungsrechtlich grundsätzlich nicht zu beanstanden, da mit der Möglichkeit, ein Darlehen zu erhalten, einer Unterdeckung entgegengewirkt wurde. Auch einer monatlichen Tilgung des Darlehens in Höhe von zehn % des Regelbedarfs ist verfassungsmäßig nicht zu beanstanden, da dafür im Rahmen des Ansparkonzeptes wiederum der monatliche Regelbedarf erhöht wurde.

Ebenso sieht das BVerfG den Regelbedarf nicht als evident unzureichend an. Dies im Hinblick darauf, dass die Gerichte den Bundessozialhilfesatz zu keiner Zeit beanstandet haben. Ebenfalls deshalb, weil die Erhöhung des Regelbedarfs für die einmaligen Bedarfe an die tatsächlichen Verhältnisse anknüpft. So wurde im Rahmen des Vierten Existenzminimumberichtes der Bundesregierung vom 30. November 2001 ermittelt, dass für einmalige Bedarfe durchschnittlich 16 % des Regelbedarfs des damaligen Bundessozialhilfesatzes benötigt werden.[156]

Das Ansparkonzept und das ermittelte Ergebnis bewertet das BVerfG daher nicht als evident unzureichend.[157]

b) Prozentualer Regelbedarf für die Regelbedarfsstufe 2

Mit der Regelbedarfsstufe 2 wurde die Konstellation geregelt, in der zwei volljährige Angehörige einer Bedarfsgemeinschaft einen gemeinsamen Haushalt führen. Der Regelbedarf wurde auf 90 % der Regelbedarfsstufe 1 festgelegt. Dies stellt den rechnerischen Durchschnitt des Regelbedarfs zwischen einem Allein-stehenden und seinem Partner dar.[158]

Das BVerfG sah diese Regelung nachvollziehbar als verfassungskonform an, da der Gesetzgeber davon ausgehen durfte, dass das Wirtschaften aus einem Topf Einsparungen mit sich bringt. Auch trägt diese Regelung dem Art. 3 Abs. 2 GG Rechnung, denn nunmehr erhalten Partner einer Bedarfsgemeinschaft den gleichen Regelbedarfsbetrag.[159] Insoweit wurde von dem Haushaltsvorstandsprinzip[160] des BSHG abgewichen, nach welchem dieser 100 % des Regelbedarfs

---

[156] BT-Drucks. 14/7765 S. 2.
[157] BVerfGE 125, 175, 229 ff.
[158] BT-Drucks. 15/1516 S. 56.
[159] BVerfGE 125, 175, 230.
[160] Haushaltsvorstand in Mehrpersonenhaushalten ist diejenige Person, die die Kosten der allgemeinen Haushaltsführung trägt. Weiterführende Literatur: *Haubelt*, Das Sozialhilferecht, S. 31 Rn. 68.

und der Partner lediglich 80 % erhielt.[161] Da der Regelbedarf der Regelbedarfsstufe 2 jedoch prozentual vom Regelbedarf der Regelbedarfsstufe 1 abgeleitet wird, ist auch dieser nicht mit dem Grundgesetz vereinbar.[162]

c) **Parlamentsgesetz**

Zukünftig hat der Gesetzgeber nach dem BVerfG dafür Sorge zu tragen, dass die Gewährung eines menschenwürdigen Existenzminimums durch ein Parlamentsgesetz geregelt wird, damit dem Bürger ein konkreter Leistungsanspruch gegenüber dem zuständigen Leistungsträger zusteht. Das Haushaltgesetz reicht hierfür nicht aus, da dem Bürger hieraus keine konkreten Ansprüche zustehen. Weiterhin führt das BVerfG aus, dass sich der Gestaltungsspielraum des Gesetzgebers nur im Rahmen eines Gesetzes entfalten und konkretisieren kann.[163]

d) **Realitäts- und bedarfsgerechte Ermittlung der Regelbedarfe**

Der Gesetzgeber hat bei der Berechnung des Regelbedarfs nach § 20 Abs. 2 1. Halbsatz SGB II, welcher die Grundlage für die weiteren Regelbedarfsstufen bildet, grundsätzlich ein geeignetes und realitätsgerechtes Verfahren für die Bemessung des Existenzminimums gewählt.[164]

(1) **Fehlende Regelungen im SGB II**

Das BVerfG hält es nicht für verfassungswidrig, dass die Einzelheiten des Verfahrens der Regelsatzberechnung nicht im SGB II geregelt sind. Eine Verweisung durch § 20 Abs. 4 SGB II a.F.[165] auf das Referenzsystem des § 28 Abs. 3 S. 5 SGB XII a.F.[166] i.V.m. § 2 RSV 2005 ist ausreichend als Grundlage. Es genügt somit, wenn der Betrag der Regelbedarfsstufe 1 im SGB II geregelt ist, da sich die Bedarfe der weiteren Regelbedarfsstufen prozentual davon ableiten lassen.[167]

---

[161] *Haubelt,* Das Sozialhilferecht, S. 31 Rn. 68.
[162] BVerfGE 125, 175, 244, 257.
[163] BVerfGE 125, 175, 223.
[164] BVerfGE 125, 175, 232.
[165] I.d.F. des Gesetzes vom 01.01.2005, BGBl. I S. 2954 (2003).
[166] I.d.F. des Gesetzes vom 01.01.2005, BGBl. I S. 3022 (2003).
[167] BVerfGE 125, 175, 232.

(2) Statistikmodell als Grundlage

Das Statistikmodell nach § 28 Abs. 3 SGB XII a.F.[168] i.V.m. § 2 RSV 2005 ist laut dem BVerfG eine realitätsnahe, verfassungsrechtlich vertretbare und zulässige Methode zur Bestimmung des Existenzminimums einer alleinstehenden Person. In dieser Methode sind die entscheidenden Faktoren zur Berechnung des Existenzminimums enthalten. So werden mit den Lebenshaltungskosten die existenznotwendigen Aufwendungen erfasst, mit dem Verbrauchsverhalten der Bedarf abgebildet und durch Berücksichtigung des Nettoeinkommens ein Bezug zu den Erwerbstätigen hergestellt. Auch die Orientierung an den unteren Einkommensgruppen ist sachgerecht, da in höheren Einkommensgruppen Ausgaben über das Existenzminimum hinaus gemacht werden.

Die Anwendung des Warenkorbmodells ist in gleicher Weise gerechtfertigt wie die Anwendung des Statistikmodells, soweit diese erkennen lassen, welche Ausgaben für ein menschenwürdiges Existenzminimum erforderlich sind.[169]

(3) Die EVS als Grundlage

Die EVS, auf welche sich das Statistikmodell stützt, bildet laut dem BVerfG eine geeignete und realitätsnahe Ermittlungsgrundlage zur Berechnung des Regelbedarfs. Durch zahlreiche Plausibilitätskontrollen bildet die EVS eine statistisch zuverlässige Grundlage über das Verbrauchsverhalten der Bevölkerung in Deutschland.[170]

(4) Referenzgruppen und Bereinigung

Das BVerfG hat die Auswahl der Referenzgruppen verfassungsrechtlich nicht zu beanstanden. Es hält die zugrunde gelegten Verbrauchsausgaben der untersten 20 % (unterstes Quintil) der nach ihrem Nettoeinkommen geschichteten Haushalte für sachgerecht und für eine geeignete Datengrundlage. Auch die Beschränkung auf Einpersonenhaushalte zur Bestimmung der notwendigen Ausgaben für einen Alleinstehenden ist sachgerecht.

Es war nicht die Aufgabe des BVerfG zu prüfen, ob die Wahl einer anderen Referenzgruppe, beispielsweise von 10 oder 15 %, angemessener gewesen wäre, zumal die Wahl des untersten Quintils darauf abzielte, eine möglichst breite Referenzgruppe zu erfassen.

Der Gesetzgeber ist zu Recht davon ausgegangen, dass die Referenzgruppen bei der Auswertung der EVS 1998 zuverlässig über der Sozialhilfeschwelle la-

---

[168] I.d.F. des Gesetzes vom 01.01.2005, BGBl. I S. 3022 (2003).
[169] BVerfGE 125, 175, 234.
[170] BVerfGE 125, 175, 235.

gen. Personen, die während der Teilnahme an der EVS überwiegend aus Leistungen der Sozialhilfe gelebt haben, wurden aus der Berechnung ausgeschlossen. Ebenso Personen, die Ihren Lebensunterhalt nicht nur aus eigenem Einkommen, sondern durch Auflösung von Vermögen oder Zuwendung Dritter („versteckte Armut") finanziert haben. Bezüglich der Dunkelziffer der versteckten armen Haushalte hält es das BVerfG für vertretbar, dass der Gesetzgeber die Zahl derselben nicht auf empirisch unsicheren Daten schätzt und somit das monatliche Nettoeinkommen höher festsetzt.

Das BVerfG macht dem Gesetzgeber jedoch die Vorgabe „bei der Auswertung künftiger Einkommens- und Verbrauchsstichproben darauf zu achten, dass Haushalte, deren Nettoeinkommen unter dem Niveau der Leistungen nach dem Sozialgesetzbuch Zweites Buch und dem Sozialgesetzbuch Zwölftes Buch inklusive der Leistungen für Unterkunft und Heizung liegen, aus der Referenzgruppe ausgeschieden werden".[171]

(5) Abschläge

Dass die Ausgaben der einzelnen Abteilungen der EVS nicht zu 100 % berücksichtigt werden, sondern nur ein bestimmter Prozentsatz als regelbedarfsrelevanter Verbrauch in die Berechnung des Regelbedarfs eingeht, ist verfassungsrechtlich nicht zu beanstanden. Der Gesetzgeber darf Kürzungen von Ausgabepositionen der Referenzgruppen vornehmen, wenn diese schon anderweitig gedeckt[172] oder nicht notwendig für die Sicherung des Existenzminimums sind. Diese Abschläge müssen jedoch sachlich gerechtfertigt und vertretbar sein und bedürfen einer empirischen Grundlage. Dies gilt auch für die Höhe der einzelnen Kürzungen. Dabei ist eine Schätzung auf fundierter empirischer Grundlage durchaus möglich; eine Schätzung ins Blaue hinein läuft dem Verfahren jedoch zuwider.

Um prüfen zu können, ob der Gesetzgeber seinen Gestaltungsspielraum bezüglich des verfassungsmäßig garantierten menschenwürdigen Existenzminimums eingehalten hat, hat er seine Wertungen und Entscheidungen nachvollziehbar zu begründen. Dies gilt vor allem dann, wenn er von seiner selbst gewählten Berechnungsmethode abweicht.[173]

---

[171] BVerfGE 125, 175, 236.
[172] Als anderweitig gedeckt gelten Verbrauchsausgaben, wenn sie durch bundes- oder landesgesetzliche Leistungsansprüche abgesichert sind oder aufgrund von bundesweit einheitlichen Vergünstigungen nicht anfallen. Siehe dazu *Lenze* in LPK-SGB II, Anhang § 20, § 1 RBEG Rn. 2.
[173] BVerfGE 125, 175, 237 ff.

Das BVerfG stellt fest, das der ermittelte Regelbedarf nicht auf einer tragfähigen Auswertung der EVS 1998 beruht. So wurden in den Abteilungen 03, 05, 08, 09 und 12 prozentuale Abschläge nicht regelbedarfsrelevanter Güter vorgenommen, welche ohne verlässliche Grundlage und ins Blaue hinein geschätzt wurden, da über einzelne Verbrauchsausgaben keine detaillierten Daten vorhanden gewesen sind.[174] Die Kürzungen der Abteilung 04 bezüglich der Ausgabenposition „Strom" und der Abteilung 07 bezüglich der Ausgabenposition „Ersatzteile und Zubehör für Privatfahrzeuge" wären dem Grunde nach vertretbar, allerdings wurde die Höhe der Kürzung nicht empirisch belegt.[175] Ebenfalls blieb die gesamte Abteilung 10 (Bildungswesen) sowie die gesamte Ausgabenposition „Außerschulischer Unterricht in Sport und musischen Fächern" der Abteilung 09 unberücksichtigt. Es wurde jedoch weder belegt noch begründet, dass diese Positionen anderweitig gedeckt werden oder nicht zur Sicherung des Existenzminimums erforderlich sind. Die Argumentation des Gesetzgebers, dass das Bildungswesen Aufgabe der Länder sei, schlägt insoweit fehl, dass der Bund sich selbst gemäß Art. 74 Abs. 1 Nr. 7 GG die Verantwortung für die Sicherstellung des gesamten Existenzminimums im Rahmen der konkurrierenden Gesetzgebung zugewiesen hat. Er kann somit keine nachvollziehbar begründeten Kürzungen der o.g. Abteilungen vornehmen, wenn er doch gerade der Überzeugung ist, dass diese zur Sicherung des Existenzminimums gehören.[176]

Das BVerfG führt weiter aus, dass die Verfassungsverstöße zum Zeitpunkt des Urteilsspruchs im Jahr 2010 auch nicht durch die Auswertung der EVS 2003 und die Einführung des § 24 a SGB II (zusätzliche Leistungen für die Schule) beseitigt worden sind.

In der EVS 2008 wurde auf Abschläge in den Abteilungen 03, 08 und 09 aufgrund fehlender Daten verzichtet. Somit gibt es hier zumindest keine Abschläge mehr ins Blaue hinein.

Die Aufschlüsselung der Abteilung 07 in „Fahrräder und Kraftfahrzeuge" macht einen geschätzten Abschlag für „Ersatzteile und Zubehör für Privatfahrzeuge" entbehrlich. Verkannt bleibt jedoch weiterhin, dass durch den Abschlag bei Privatfahrzeugen Mehrkosten für den öffentlichen Personennahverkehr (ÖPNV) entstehen, welche keine Berücksichtigung finden.

Die bemängelten Abschläge bzw. gänzliche Nichtberücksichtigung der Abteilungen 04, 05, 10 und 12 bleiben weiter bestehen.[177]

---

[174] BVerfGE 125, 175, 238.
[175] BVerfGE 125, 175, 239.
[176] BVerfGE 125, 175, 240.
[177] BVerfGE 125, 175, 250 f.

Da der Gesetzgeber von dem Strukturprinzip des Statistikmodells ohne sachliche Rechtfertigung abgewichen ist, wurde der Regelbedarf nach § 20 Abs. 2 1. Halbsatz SGB II a.F.[178] nicht in verfassungskonformer Weise ermittelt.[179]

(6) Interner Ausgleich

Das BVerfG gibt dem Gesetzgeber auf, dass ein interner Ausgleich zwischen den Ausgabepositionen möglich bleiben muss. Dieser interne Ausgleich gestaltet sich so, dass der Gesamtbetrag des Regelbedarfs es dem jeweiligen Hilfebedürftigen ermöglicht, einen überdurchschnittlichen Bedarf einer Position durch einen unterdurchschnittlichen Bedarf einer Position auszugleichen. Diese Überlegung des internen Ausgleichs liegt dem Statistikmodell zugrunde.[180] Der individuelle Bedarf eines Hilfebedürftigen kann somit von dem Durchschnittswert abweichen; in der Summe allerdings ist die Sicherung des Existenzminimums gewährleistet.[181] Das BVerfG hält demnach Kürzungen einzelner Verbrauchsausgaben für grundsätzlich vertretbar.[182]

e) Fortschreibung der Regelbedarfe

Verfassungsrechtlich nicht zu beanstanden war die Hochrechnung der EVS 1998 auf das Jahr 2005, da zu diesem Zeitpunkt die Ergebnisse der EVS 2003 noch nicht ausgewertet waren. Grundsätzlich ist somit eine Fortschreibung der Regelbedarfe zulässig.

Die bisherige Fortschreibung anhand des aktuellen Rentenwerts hat das BVerfG jedoch als unvertretbare Abweichung von dem Strukturprinzip der statistischen Ermittlungsmethode erkannt. Diese Ermittlungsmethode beruht gemäß § 28 Abs. 3 S. 2 SGB XII a.F.[183] auf dem Stand und der Entwicklung der Nettoeinkommen, Verbraucherverhalten und Lebenshaltungskosten. Hingegen beruht die Fortschreibung nach dem aktuellen Rentenwert gemäß §§ 68 Abs. 1 S. 3, 255 e SGB VI auf der Entwicklung der Bruttolöhne und -gehälter, des Beitragssatzes zur allgemeinen Rentenversicherung sowie des Altersvorsorgeanteils und einem Nachhaltigkeitsfaktor. Daher stimmt die derzeitige Fortschreibungsmethode nicht mit der gesetzlich vorgeschriebenen Ermittlungsmethode überein und ist zu einer realitätsgerechten Fortschreibung nicht geeignet. Das Gericht führt aus, dass die Rentenwertentwicklung nicht zur Bestimmung des Existenzminimums herangezogen werden kann, da diese auf andere Zwecke zielt wie

---

[178] I.d.F. des Gesetzes vom 01.01.2005, BGBl. I S. 2954 (2003).
[179] BVerfGE 125, 175, 238.
[180] BVerfGE 125, 175, 238.
[181] BVerfGE 125, 175, 252.
[182] BVerfGE 125, 175, 239.
[183] I.d.F. des Gesetzes vom 01.01.2005, BGBl. I S. 3022 (2003).

beispielsweise Steuerung und Dämpfung der Rentenzahlungen. Diese ist daher nicht geeignet, Auskunft über die Entwicklung des Bedarfs zur Deckung des Existenzminimums zu geben.

Das Gericht schlägt als Alternativen für eine mit dem Statistikmodell eher zu vereinbare Fortschreibung des Regelbedarfs die Laufende Wirtschaftsrechnung (s. auch Kapitel III. D.) bzw. die Hochrechnung anhand der Preisentwicklung der Verbrauchspositionen (Abteilung 01 etc.) vor.[184]

f) Verfassungswidrigkeit der übrigen Regelbedarfsstufen

Da der Regelbedarf der Regelbedarfsstufe 1 bereits in verfassungswidriger Weise ermittelt wurde, sind automatisch auch alle weiteren Regelbedarfsstufen verfassungswidrig, da diese prozentual anhand der Regelbedarfsstufe 1 ermittelt werden.[185]

g) Härtefallregelung

Die Gewährung des Regelbedarfs im Rahmen eines Festbetrages ist grundsätzlich verfassungsgemäß. Es ist mit dem Grundgesetz jedoch nicht vereinbar, dass der Leistungskatalog des SGB II keinerlei Regelung vorsieht, wonach ein unabweisbarer, laufender, nicht nur einmaliger, besonderer Bedarf eines Hilfebedürftigen geltend gemacht werden kann. Dies ist schon deshalb notwendig, da der Regelbedarf einen Durchschnittsbedarf in üblichen Lebenslagen darstellt und nicht den veränderten Bedarf einer atypischen Lebenslage, beispielsweise eines Wohnungsbrandes, berücksichtigt. Diese werden nicht aussagekräftig in der Statistik ausgewiesen, weshalb eine Ausdehnung des Regelbedarfs auf diese nicht gerechtfertigt ist. Aber auch bei Bedarfen, welche der Art nach zwar im Regelbedarf inbegriffen sind, jedoch nur in durchschnittlicher Höhe, kann sich der Regelbedarf als unzureichend erweisen. Art. 1 Abs. 1 GG fordert jedoch, dass das Existenzminimum für jedes Individuum und für jeden Einzelfall gesichert ist.

Das SGB II ist auch nicht durch die Möglichkeit einer Darlehensgewährung (§ 23 Abs. 1 SGB II a.F.[186]) oder einer Gewährung eines Mehrbedarfes (§ 21 SGB II a.F.[187]) ausnahmslos im Stande, einen individuellen besonderen Bedarf zu decken. Der Mehrbedarf umfasst lediglich bestimmte abschließende Tatbestände und das Darlehen fängt wiederum nur vorübergehende Spitzen eines besonderen Bedarfs ab.

---

[184] BVerfGE 125, 175, 244, 257.
[185] BVerfGE 125, 175, 244.
[186] I.d.F. des Gesetzes vom 01.01.2005, BGBl. I S. 2954 (2003).
[187] I.d.F. des Gesetzes vom 01.01.2005, BGBl. I S. 2954 (2003).

Daher fordert das BVerfG den Gesetzgeber zur Schließung dieser Deckungslücke durch Einführung einer Härtefallregelung auf.[188]
Um der Gefahr einer Verletzung von Art. 1 Abs. 1 i.V.m. Art. 20 Abs. 1 GG während der Übergangszeit entgegenzuwirken, fordert das BVerfG den Gesetzgeber auf, ab Verkündung des Urteils eine entsprechende Regelung zu schaffen. Bezüglich der Härtefallklausel wurde dem Gesetzgeber somit keine Übergangszeit bis zum 31. Dezember 2010 eingeräumt.[189]

C. Änderungen und Kritik nach dem Grundsatzurteil des BVerfG

1. Parlamentsgesetz

Der Gesetzgeber ist der Aufforderung des BVerfG nachgekommen und hat die Ermittlung des Regelbedarfs durch ein Parlamentsgesetz geregelt; das RBEG. Der Weg dorthin war beschwerlich. So veröffentlichte der Gesetzgeber am 19. Oktober 2010 den Entwurf eines Gesetzes zur Ermittlung von Regelbedarfen und zur Änderung des Zweiten und Zwölften Buches Sozialgesetzbuch und eine Woche später die Regelbedarfe ab 2011.[190] Das Gesetz wurde am 3. Dezember 2010 vom Bundestag beschlossen, scheiterte jedoch am 17. Dezember 2010 am Einspruch des Bundesrates.[191] Die Bundesregierung beschloss daher einen Vermittlungsausschuss einzuberufen.[192] Erst nach langen Verhandlungen wurde dem Gesetz am 25. Februar 2011 im Bundestag und Bundesrat zugestimmt.[193] Es wurde am 29. März 2011 im Bundesgesetzblatt verkündet und trat weitgehend rückwirkend zum 1. Januar 2011 in Kraft.[194] Dies hatte das BVerfG in seinem Urteil gefordert.[195] Weiterhin wurde die frühere Verordnung zur Durchführung des § 28 SGB XII abgeschafft.[196]
Somit ist der Gesetzgeber diesbezüglich der Aufforderung des BVerfG nachgekommen.

2. Realitäts- und bedarfsgerechte Ermittlung der Regelbedarfe

a) Statistikmodell

Das BVerfG sieht das Statistikmodell grundsätzlich als eine geeignete Methode zur Bemessung des Existenzminimums, soweit „das Ausgabeverhalten unterer

---

[188] BVerfGE 125, 175, 252 ff.
[189] BVerfGE 125, 175, 259.
[190] *Lenze* in LPK-SGB II, Anhang § 20 Rn. 20.
[191] *Lenze* in LPK-SGB II, Anhang § 20 Rn. 20.
[192] BT-Drucks. 17/4304.
[193] *Lenze* in LPK-SGB II, Anhang § 20 Rn. 20.
[194] BGBl. I S. 453 (2011).
[195] BVerfGE 125, 175, 259.
[196] *Sartorius* in *Berlit/Conradis/Sartorius*, Kapitel 24 Rn. 36.

Einkommensgruppen der Bevölkerung zu erkennen gibt, welche Aufwendungen für das menschenwürdige Existenzminimum erforderlich sind".[197]

Diese Vorgaben sehen einige Fachleute jedoch als nicht erfüllt an, da die statistische Methode keinen objektiven Maßstab beinhaltet.[198] So wird kritisiert, dass der Konsum der unteren Einkommensgruppen lediglich vom jeweiligen Einkommen und nicht vom Bedarf geleitet wird („Budgetrestriktion").[199] Haushalte wären daher gezwungen, Ausgaben für „weiche" Waren wie beispielsweise Zeitschriften herunterzufahren, um die Ausgaben bei „harten" Waren wie beispielsweise Ernährung sicherzustellen.[200] Dies gilt auch für einkommensschwache Haushalte, die überschuldet sind und sich daher aufgrund dieser Verpflichtungen in der Lebensführung übermäßig einschränken.[201] Dieses Verhalten würde jedoch nicht das objektive Existenzminimum widerspiegeln, und es stellt sich die Frage der noch ausreichenden Aussage über den Bedarf.[202]

Um dem entgegenzuwirken und das Bemessungssystem zu kontrollieren, wird die Erhebung eines Kontrollwarenkorbs vorgeschlagen.[203] Auch eine neue Abgrenzung der Referenzeinkommensbereiche könnte Einflüsse einer Budgetrestriktion vermeiden.[204] Je weniger restriktiv die Abgrenzung der Einkommenshaushalte erfolgt, desto mehr kann von einer Abbildung des Existenzminimums ausgegangen werden, und der Einfluss der Budgetrestriktion nimmt somit ab.[205] Würden die Einkommen der unteren Einkommensschichten nämlich, beispielsweise aufgrund des zunehmenden Niedriglohnsektors, sinken, während die Durchschnittseinkommen stabil bleiben oder steigen, bleibt der Regelbedarf hinter der gesamtgesellschaftlichen Entwicklung zurück.[206] Dies wäre jedoch kein objektiver Maßstab für die Bestimmung eines menschenwürdigen Existenzminimums.

b) Die EVS 2008 als Grundlage

Die EVS bildet laut dem BVerfG eine realitätsnahe und zuverlässige Ermittlungsgrundlage.[207] Dem schließen sich Fachleute mit kleinen Einschränkungen an. So

---

[197] BVerfGE 125, 175, 235.
[198] *Lenze* in LPK-SGB II, Anhang § 20, § 1 RBEG Rn. 2; *Sartorius* in *Berlit/Conradis/Sartorius*, Kapitel 24 Rn. 73.
[199] *Becker* in Soziale Sicherheit Extra 9/2011, S. 9.
[200] *Lenze* in LPK-SGB II, Anhang § 20, § 1 RBEG Rn. 2.
[201] *Sartorius* in *Berlit/Conradis/Sartorius*, Kapitel 24 Rn. 77.
[202] *Münder* in Soziale Sicherheit Extra 9/2011, S. 68.
[203] *Sartorius* in *Berlit/Conradis/Sartorius*, Kapitel 24 Rn. 75.
[204] *Sartorius* in *Berlit/Conradis/Sartorius*, Kapitel 24 Rn. 75; *Becker* in Soziale Sicherheit Extra 9/2011, S. 9.
[205] *Becker* in Soziale Sicherheit Extra 9/2011, S. 9.
[206] *Becker* in Soziale Sicherheit Extra 9/2011, S. 9; *Lenze* in LPK-SGB II, Anhang § 20, § 1 RBEG Rn. 2.
[207] BVerfGE 125, 175, 235.

wird bemängelt, dass die EVS für langlebige Güter keine geeignete Datenquelle ist, da diese durch die quartalsweise Führung des Haushaltsbuches unzureichend erfasst werden.[208] So verhält es sich, wenn Ausgaben für langlebige Güter in den vier Quartalen der EVS gar nicht aufgebracht werden oder nur in einem geringen Maß, sondern beispielsweise erst im Folgejahr auftreten. Diese Ausgaben werden dann nicht in den Regelbedarf eingerechnet, obwohl gerade diese Güter meist kostenaufwendig sind. Hier liegen die Grenzen des Statistikmodells.[209] Deutlicher drückte es das SG Berlin aus, welches aus den Daten der EVS 2008 schloss, dass „ein Haushalt der Referenzgruppe nur alle 70 Jahre sich entweder einen Kühlschrank oder eine Waschmaschine anschafft" (höchstens 24 Einzelpersonenhaushalte zu 1 678 Einzelpersonenhaushalten der Gruppe).[210] Das SG Berlin hielt diese Aussage für nicht ansatzweise glaubhaft. Aus den vorgenannten Gründen wird daher bezweifelt, dass die Berechnung einem verfassungskonformen Vorgehen entspricht. Hier muss unbedingt eine Nachjustierung, beispielsweise anhand einer Sonderauswertung, erfolgen. So könnte man einen Aufschlag auf den Regelbedarf, beispielsweise anhand der Lebensdauer bzw. der Abschreibungsdauer eines langlebigen Gutes nach der AfA-Tabelle[211] des Bundesministeriums der Finanzen (BMF) und dem durchschnittlichen Anschaffungswert im unteren Preissegment, vornehmen. Kostet beispielsweise ein Kühlschrank im unteren Preissegment durchschnittlich 300 € und ist dieser, so zumindest im Steuerrecht, nach zehn Jahren abgeschrieben, ergibt sich eine Erhöhung des monatlichen Regelbedarfs in Höhe von 2,50 €. Dies ist wahrlich nicht viel für die Hilfebedürftigen, jedoch würde der Gesetzgeber nicht mehr Gefahr laufen, dass die komplette Nichtberücksichtigung dieser Position verfassungswidrig ist.

Nun würde sich ein Widerspruch ergeben, sollte der Fall auftreten, dass ein Leistungsempfänger tatsächlich einen neuen Kühlschrank benötigt. Im Rahmen der Darlehensgewährung muss er dieses Darlehen in Höhe von zehn % des monatlichen Regelbedarfs zurückzahlen. Der monatliche Anteil aus dem Regelbedarf beträgt jedoch nur 2,50 €. Wäre der Gesetzgeber hier konsequent, dürfte der monatliche Rückzahlungsbetrag nur in der Höhe erfolgen, in dem dieser im Regelbedarf enthalten ist. Ansonsten würde sich eine monatliche Bedarfsunterdeckung ergeben.

---

[208] SG Berlin, Urteil vom 25.04.2012 - S 55 AS 9238/12 -; *Münder* in Soziale Sicherheit Extra 9/2011, S. 68; *Becker* in Soziale Sicherheit Extra 9/2011, S. 10.
[209] *Becker* in Soziale Sicherheit Extra 9/2011, S. 10.
[210] SG Berlin, Urteil vom 25.04.2012 - S 55 AS 9238/12 - .
[211] AfA-Tabelle für die allgemein verwendbaren Anlagegüter ("AV").

Der Gesetzgeber muss an dieser Stelle tätig werden, damit auch in diesem Bereich das menschenwürdige Existenzminimum gesichert ist. Es sollte hier auch an eine Erbringung im Rahmen von Einmalleistungen gedacht werden.[212]

c) Referenzgruppen und deren Bereinigung

Zur Bemessung des Regelbedarfs werden zwei Referenzhaushaltstypen herangezogen: Der Einpersonenhaushalt für die Erwachsenen und der Familienhaushalt für die Kinder und Jugendlichen (§§ 5, 6 RBEG).

Aus diesen Haushalten sind grundsätzlich diejenigen herauszurechnen, die im Erhebungszeitraum (EVS 2008) Hilfe zum Lebensunterhalt (§§ 27 ff. SGB XII), Grundsicherung im Alter und bei Erwerbsminderung (§§ 41 ff. SGB XII) oder Arbeitslosengeld II bzw. Sozialgeld nach dem SGB II bzw. SGB XII erhalten haben (§ 3 Abs. 1 RBEG). Eine Herausrechnung erfolgt jedoch dann nicht, wenn die Haushalte nach Absatz 1 im Erhebungszeitraum zusätzliches Erwerbseinkommen bezogen haben, das nicht als Einkommen berücksichtigt wurde, einen Anspruch auf einen befristeten Zuschlag nach § 24 SGB II oder eine Eigenheimzulage oder Elterngeld hatten und auch bezogen haben (§ 3 Abs. 2 RBEG).

Da der befristete Zuschlag mit dem Haushaltsbegleitgesetz 2011 zum 1. Januar 2011 abgeschafft wurde, kommt diesem für die Bemessung der Referenzhaushalte keine Bedeutung mehr zu.[213] Ebenfalls wird das Elterngeld seit dem 1. Januar 2011 gemäß § 10 Abs. 5 BEEG auf die Leistungen nach dem SGB II angerechnet, womit auch diesem keine Bedeutung mehr zukommt.[214] Eine geringe Bedeutung hat noch die Eigenheimzulage, jedoch wird diese über einen Zeitraum von acht Jahren seit dem 1. Januar 2006 schrittweise abgeschafft.[215] Dem Erwerbseinkommen kommt somit noch die größte Bedeutung zu.

Nach der Festlegung der Referenzhaushalte werden, geschichtet nach ihrem Nettoeinkommen, die unteren 15 % der Haushalte der Einpersonenhaushalte und die unteren 20 % der Haushalte der Familienhaushalte berücksichtigt (§ 4 RBEG).

Da die Auswahl der Referenzgruppen für die Bestimmung des Existenzminimums von entscheidender Bedeutung ist, wird auch darüber in der Literatur viel diskutiert.

Als problematisch stellt sich hier insbesondere die vom BVerfG verlangte zuverlässige Herausrechnung der „Haushalte, deren Nettoeinkommen unter dem

---

[212] So auch *Becker* in Soziale Sicherheit Extra 9/2011, S. 10.
[213] BGBl. I S. 1885 (2010).
[214] BGBl. I S. 1885 (2010).
[215] BGBl. I S. 3680 (2005).

Niveau der Leistungen nach dem Sozialgesetzbuch Zweites Buch und dem Sozialgesetzbuch Zwölftes Buch inklusive der Leistungen für Unterkunft und Heizung liegt"[216], die unterschiedliche Quantilsabgrenzung bei den Ein- und Zweipersonenhaushalten sowie die Heranziehung der Regelbedarfsstufe 1 für Eltern und die Regelbedarfsstufe 3 dar.

Für die Beurteilung zu beachten ist noch, dass eine Verschiebung in die mittleren Einkommensschichten immer weiter fortschreitet, je mehr Haushalte aus der Referenzgruppe ausgeschlossen werden. Gemäß § 28 Abs. 2 S. 2 SGB XII ist es jedoch das Ziel, die Regelbedarfe aus dem Ausgabeverhalten unteren Einkommensschichten abzuleiten.[217]

(1)   Aufstocker

Als Aufstocker werden die Personen bezeichnet, deren Erwerbseinkommen so gering ist, dass sie zusätzliche Leistungen nach dem SGB II in Anspruch nehmen müssen. Ihr Erwerbseinkommen wird demnach auf das Existenzminimum aufgestockt.

Diesbezüglich stellt sich die Problematik, dass gemäß § 3 Abs. 2 Nr. 1 RBEG Haushalte in die maßgeblichen Referenzhaushalte einberechnet werden, die „Erwerbseinkommen bezogen haben, dass nicht als Einkommen berücksichtigt wurde". Dies wären beispielsweise das nicht zu berücksichtigende Einkommen gemäß § 11 a SGB II sowie die Absetzbeträge gemäß § 11 b SGB II.[218] Somit werden alle Haushalte ab dem ersten Euro Erwerbseinkommen als Referenzhaushalte berücksichtigt, was vom Gesetzgeber so auch eindeutig gewollt war.[219] Das Statistische Bundesamt errechnet das Haushaltsnetto der Referenzhaushalte aus dem Haushaltsbrutto abzüglich Lohn- und Einkommenssteuer und Pflichtbeiträge zur Sozialversicherung.[220] Dieses Berechnungssystem ist widersprüchlich zu dem des SGB II, in welchem noch weitere Absetzungsbeträge geltend gemacht werden können.[221] Beispielsweise wird gemäß § 11 b Abs. 1 Nr. 3 bis 5 SGB II für erwerbstätige Leistungsbezieher ein Pauschalbetrag an Werbungskosten in Höhe von 100 € monatlich abgesetzt.

Daher müssten zumindest die Leistungsempfänger mit einem monatlichen Einkommen von bis zu 100 € aus der Referenzgruppe ausgeschlossen werden, da dieser Betrag den Lebensstandard nicht erhöht und als Werbungskosten-

---

[216] BVerfGE 125, 175, 237.
[217] „Bericht des BMAS nach § 10 RBEG über die Weiterentwicklung der für die Ermittlung von Regelbedarfen anzuwendenden Methodik" vom Juli 2013, S. 20.
[218] *Münder* in Soziale Sicherheit Extra 9/2011, S. 72.
[219] BT-Drucks. 17/3404 S. 87.
[220] *Becker* in Soziale Sicherheit Extra 9/2011, S. 19.
[221] *Becker* in Soziale Sicherheit Extra 9/2011, S. 19.

pauschale dafür gedacht ist, arbeitsbedingte Aufwendungen zu decken.[222] Diese Aufstocker leben daher nicht zuverlässig über der Sozialhilfeschwelle, wie es das BVerfG bei zukünftigen Auswertungen gefordert hatte.[223] Eine Einrechnung wäre daher nicht verfassungskonform. Hier muss seitens des Gesetzgebers noch nachgebessert werden, um die Anforderungen des BVerfG zu erfüllen. Dies insbesondere im Hinblick darauf, dass sich die Zahl der Aufstocker auf mittlerweile 55 % der erwerbsfähigen Leistungsberechtigten beläuft.[224]

Jedoch sieht es auch für die Zukunft nicht so aus, als wolle der Gesetzgeber seine Berechnung an dieser Stelle ändern. Eine Studie für das BMAS im Rahmen der Weiterentwicklung der für die Ermittlung der Regelbedarfe anzuwendenden Methodik gemäß § 10 RBEG, hat ergeben, dass eine Zirkelschlussproblematik nicht bestehe und Folge der Herausrechnung der Aufstocker eine weitere Verlagerung in den mittleren Einkommensbereich wäre.[225]

Diese Vorgehensweise ist verfassungsrechtlich bedenklich und es erscheint sehr fraglich, ob die Begründung vor dem BVerfG standhalten wird.

(2) verdeckte Armut

Unter verdeckter Armut versteht man Haushalte, welche trotz ihres geringen Verdienstes keine Leistungen nach dem SGB II in Anspruch nehmen, obwohl sie mindestens einen geringen Anspruch hätten.[226] So werden beispielsweise Ausgabenspitzen durch die Aufnahme eines Krediles oder Auflösung von Sparguthaben bewältigt.[227]

Das BVerfG hielt es für vertretbar, dass der Gesetzgeber die versteckt Armen nicht auf einer empirisch unsicheren Grundlage geschätzt und aus der Referenzgruppe ausgeschlossen hat. Allerdings hat er bei künftigen EVS darauf zu achten, dass die Referenzhaushalte statistisch zuverlässig über dem Grundsicherungsniveau liegen.[228]

Eine Herausrechnung aus der Referenzgruppe erfolgt laut dem Gesetzgeber nicht, da es keine empirischen Belege für eine nennenswerte Größenordnung derer gibt. Vielmehr sei davon auszugehen, dass seit der Einführung der Grundsicherung im Alter und bei Erwerbsminderung sowie der Grundsicherung der

---

[222] Ausschuss-Drs. 17(11)309, S. 54.
[223] BVerfGE 125, 175, 237.
[224] Bericht der Bundesagentur für Arbeit vom Juni 2013: http://statistik.arbeitsagentur.de/nn_4236/Statischer-Content/Leistungsberechtigte-in-der-Grundsicherung-Detail.html; abgerufen am 08.07.2013.
[225] „Bericht des BMAS nach § 10 RBEG über die Weiterentwicklung der für die Ermittlung von Regelbedarfen anzuwendenden Methodik" vom Juli 2013, S. 7, 35.
[226] *Münder* in *Spellbrink*/DSGT S. 20.
[227] *Münder* in *Spellbrink*/DSGT S. 21.
[228] BVerfGE 125, 175, 236.

Arbeitsuchenden die versteckte Armut zumindest deutlich zurückgegangen ist. Weiterhin müsste aufgrund der Vielgestaltigkeit der Einkünfte, eine Einzelfallauswertung erfolgen, die weder durch das Statistische Bundesamt noch durch die Wissenschaft zu leisten ist.[229]

Das kann jedoch nicht als Begründung für den nicht vorgenommenen Ausschluss dieser Gruppe akzeptiert werden; gerade im Hinblick auf die Vorgabe eines transparenten und sachgerechten Verfahrens.[230]

Fraglich ist nunmehr, ob es ein Verfahren gibt, durch welches die verdeckten Armen zuverlässig aus der Referenzgruppe herausgerechnet werden können.

Die Quote der Nichtinanspruchnahme soll bei etwa 40 % liegen, wobei diese Quote keine zuverlässige Anzahl darstellt, auf deren Grundlage eine Berechnung vorgenommen werden kann.[231] Nach Aussage mehrerer Sachverständiger gibt es jedoch Mikrosimulationsmodelle die eine solche Berechnung zulassen.[232] Hier sei insbesondere das Statistische Bundesamt zu nennen, das gerade für die Auswertung der EVS zuständig ist.

Da das aufgestellte Anforderungsprofil an die Herausrechnung dieser Gruppe jedoch über das Notwendige hinausgeht, sind auch die Grenzen der EVS erreicht. So kann anhand derer beispielsweise keine Prüfung eines Leistungsanspruches lediglich im Rahmen von Mehrbedarfen und Absatzbeträgen vorgenommen werden. Diese sind aus der EVS nicht ersichtlich, womit Haushalte, die nur auf Grund von Mehrbedarfen, Frei- und Absetzungsbeträgen, Förderungen für Altersvorsorge und/oder unregelmäßigem Einkommenszufluss (Quartalsanschreibung) anspruchsberechtigt werden, gar nicht oder nicht mit Sicherheit als verdeckt arm erkannt werden. Dieser Ansatz ist jedoch auch zu umfangreich, denn es sollen aus der Referenzgruppe gemäß § 3 Abs. 2 RBEG nur diejenigen ausgegrenzt werden, die kein Erwerbseinkommen beziehen oder keinen Anspruch auf Eigenheimzulage haben. Die oben genannten Indikatoren sind davon jedoch unabhängig.[233]

Eine mögliche Berechnung der Gruppe könnte sich ergeben, soweit man den jeweiligen Regelbedarf eines Haushalts inklusive der Kosten für Unterkunft hochrechnet (bis zu einem am Wohngeld orientierten Höchstbetrag). Wenn beispielsweise ein Alleinlebender einen Regelbedarf in Höhe von 382 € und 400 € Kosten für die Unterkunft hat, liegt die Bedarfsschwelle bei 782 €. Sollte das vom

---

[229] BT-Drucks. 17/3404, S. 88.
[230] BVerfGE 125, 175, 225.
[231] *Becker* in Soziale Sicherheit Extra 9/2011, S. 21.
[232] Protokoll des Bundestagsausschusses für Arbeit und Soziales 17/41, S. 659 ff.; bejahend: beispielsweise das Statistische Bundesamt und das Institut der Deutschen Wirtschaft; verneinend beispielsweise der Deutsche Verein für öffentliche und private Fürsorge e.V.
[233] *Becker* in Soziale Sicherheit Extra 9/2011, S. 21, 22.

Statistischen Bundesamt berechnete Haushaltsnettoeinkommen unterhalb dieser Bedarfsschwelle liegen, keine Grundsicherung oder Sozialhilfe bezogen werden und das Bruttogeldvermögen unterhalb der Summe der altersabhängigen Grundfreibeträge (§ 12 Abs. 1 Nr. 1, 1a SGB II) und der Freibeträge für notwendige Anschaffung (§ 12 Abs. 1 Nr. 4 SGB II) liegen, ist zumindest von einer hohen Sicherheit einer Nichtinanspruchnahme auszugehen. Bei der Gruppe der Alleinlebenden wären dies im Jahr 2008 immerhin ca. 15 % des untersten Quintils gewesen.[234]

Der Gesetzgeber muss daher nochmals prüfen, inwieweit tatsächlich zuverlässige Verfahren zur Herausrechnung verdeckter Armut existieren, da es nicht nachvollziehbar ist, warum die Gruppe der verdeckten Armen nicht aus der Berechnung herausgenommen werden. Denn die fehlende Herausrechnung der verdeckt Armen vermindert das Leistungsniveau ungerechtfertigt.

Das dieses Risiko tatsächlich besteht, ist dem Gesetzgeber wohl auch bekannt gewesen, da er sich im § 10 RBEG selbst dazu verpflichtet, „auf der Grundlage der Einkommens- und Verbrauchsstichprobe 2013 bis zum 1. Juli 2013 einen unter Mitwirkung des Statistischen Bundesamtes sowie von Sachverständigen zu erstellenden Bericht über die Weiterentwicklung der für die Ermittlung von Regelbedarfen anzuwendenden Methodik vorzulegen".[235]

Laut diesem Bericht ergab sich anhand einer durchgeführten Mikrosimulationsrechnung eine Quote der verdeckt Armen in Höhe von 34 bis 43 %. Der Ausschluss dieser Haushalte würde zu einem Anstieg der mittleren Konsumausgaben von 2 % bei den Einpersonenhaushalten führen. Jedoch wurde gleichzeitig klargestellt, dass sowohl die Mikrosimulationsmethode als auch die Berechnung anhand der Mindesteinkommensgrenze ein hohes Maß an Unsicherheit und keine eindeutige Identifizierung dieser Haushalte hergibt. Die Folge wäre eine ungerechtfertigte Verlagerung der Referenzhaushalte in mittlere Einkommensschichten.[236] Das BMAS hatte jedoch bereits mitteilen lassen, das die Zahl der verdeckt Armen zwar beträchtlich sei, die Berechnung aber nicht geändert werden soll.[237]

Inwieweit die vorgenommenen Berechnungen geeignet und nachvollziehbar sind und nach diesen eine zuverlässige Herausrechnung der verdeckt Armen tatsächlich nicht möglich ist, muss bei einer erneuten Beschäftigung des BVerfG mit

---

[234] *Becker* in Soziale Sicherheit Extra 9/2011, S. 22, 23.
[235] *Lenze* in NVwZ 2011, 1104.
[236] „Bericht des BMAS nach § 10 RBEG über die Weiterentwicklung der für die Ermittlung von Regelbedarfen anzuwendenden Methodik" vom Juli 2013, S. 5, 22 ff.
[237] http://www.tagesspiegel.de/politik/verdeckte-armut-in-deutschland-mehr-als-jeder-dritte-verzichtet-auf-hartz-iv-/8427514.html; abgerufen am 07.07.2013.

diesem Thema geprüft werden.[238] Hierfür bedarf es weiterer Sachverständiger, um eine Neutralität zu wahren.

Da die Referenzgruppe durch die nicht vorgenommene Herausrechnung der verdeckt Armen nicht verlässlich über dem Sozialhilfeniveau liegt, wurden die Vorgaben des BVerfG hier grundsätzlich nicht eingehalten. Etwas anders ergibt sich, soweit eine Herausrechnung tatsächlich unmöglich ist.

(3) atypische Haushalte

Aus der Referenzgruppe nicht auszuschließen sind Empfänger von Wohngeld, da dieses nur gezahlt wird, soweit eine Hilfebedürftigkeit nach dem SGB II oder SGB XII vermieden wird.[239] Ein Problem ergibt sich jedoch bei anderen in der Grundgesamtheit enthaltenen atypischen Haushalten. Hierzu zählen BAföG-Empfänger, Empfänger nach dem Asylbewerberleistungsgesetz sowie Selbständige.

Laut dem Gesetzgeber nehmen BAföG-Empfänger an der EVS nur teil, soweit sie in einem eigenen Haushalt leben.[240] Da sich die EVS auf Privathaushalte beschränkt, werden BAföG-Empfänger in Wohnheimen nicht berücksichtigt.[241] Können nicht ausbildungsbedingte Bedarfe nicht eigenständig gedeckt werden, steht ihnen ein Anspruch aus dem SGB II oder SGB XII zu, womit sie folglich aus der Referenzgruppe ausgeschlossen werden.[242]

Diese Begründung und Vorgehensweise ist jedoch nicht geeignet für die zuverlässige Festlegung der Referenzhaushalte über dem Grundsicherungsniveau, da es nicht auszuschließen ist, dass diese Gruppe unter dem Existenzminimum lebt.[243]

Zunächst ist anzumerken, dass in der EVS sehr wohl BAföG-Empfänger erfasst sind, die keinen eigenen Haushalt haben, nämlich dann, wenn sie bei ihren Eltern wohnen. Inwiefern diese Familien bei der EVS berücksichtigt wurden, ist unklar.[244]

In der EVS 2008 sind in der Gruppengesamtheit von 1 678 Haushalten 318 studentische Haushalte enthalten. Aus diesen wurden die BAföG-Empfänger nicht herausgerechnet, obwohl das BAföG noch nicht einmal existenzsichernd

---

[238] Es liegen bereits zwei neue Vorlagebeschlüsse vom SG Berlin bezüglich der Prüfung der Verfassungsmäßigkeit des Regelbedarfs beim BVerfG vor; s. auch 1 BvL 10/12 und 1 BvL 12/12.
[239] BT-Drucks. 17/3404, S. 88.
[240] BT-Drucks. 17/3404, S. 88.
[241] Statistisches Bundesamt, Fachserie 15, Heft 7, EVS 2008, S. 6.
[242] BT-Drucks. 17/3404, S. 88.
[243] *Münder* in Soziale Sicherheit Extra 9/2011, S. 69.
[244] *Becker* in Soziale Sicherheit Extra 9/2011, S. 24.

ist.[245] So sind BAföG-Empfänger gemäß § 7 Abs. 5 SGB II grundsätzlich von der Leistungserbringung nach dem SGB II ausgeschlossen. Lediglich § 27 SGB II benennt geringfügige Ausnahmen. Weiterhin enthält das BAföG in einem Umfang von 20 % einen ausbildungsbezogenen Bedarf wie beispielsweise Semestergebühren und Lehrbücher.[246] Auch Kindergeld wird gemäß § 2 Abs. 2 Nr. 2 BKGG nur bis zum 25. Lebensjahr gewährt. Des Weiteren lag das Haushaltsnettoeinkommen der studentischen Haushalte um 47 € unter dem Durchschnitt der Referenzgruppe.[247] Ferner unterliegen Studenten einer anderen Ausgabengestaltung als Grundsicherungsbezieher. So haben sie beispielsweise Semestergebühren zu erbringen, die im Regelbedarf nicht enthalten sind. Ebenso nutzen sie häufig das günstige Mensaessen, für welches im Regelbedarf jedoch nur ein sehr geringer Teil ausgewiesen ist. Wiederum fallen für Nahrungsmittel unterdurchschnittlich wenig Ausgaben an, da aufgrund der Einkommenssituation vermehrt bei den Eltern gegessen wird.[248]

All dies spricht dafür, dass studentische Haushalte aufgrund ihrer besonderen Struktur nicht für eine Einbeziehung in die Referenzhaushalte geeignet sind. Sie verzerren den Bedarf der Referenzgruppe nach unten und würden, bei deren Herausrechnung, zu einem leicht erhöhten Regelbedarf führen.[249] Hier muss seitens des Gesetzgebers nachgebessert werden. Die BAföG-Empfänger müssen herausgerechnet werden, um die Referenzgruppe zuverlässig über das Sozialhilfeniveau zu heben.

Empfänger von Asylbewerberleistungen sind laut dem Gesetzgeber in der EVS nicht enthalten, da sie zumeist keinen eigenen Haushalt haben, sondern in Sammelunterkünften untergebracht sind. Verfügen sie doch über einen eigenen Haushalt, werden sie nur befragt, soweit sie ausreichend deutsche Sprachkenntnisse haben. Daraus ergibt sich für den Gesetzgeber, dass diese Personengruppe nicht an der EVS teilnimmt. Eine weitergehende Begründung fehlt.[250]

Es gibt aber keine sichere Grundlage dafür, dass diese Personengruppe nicht in die Grundgesamtheit einbezogen wird, da die Kategorie der Asylbewerberleistungen noch nicht in der EVS als mögliches Einkommen aufgelistet ist (auch in der EVS 2013 nicht). Durch eine solche Einführung könnte dieser Personenkreis ermittelt und zuverlässig aus der Referenzgruppe ausgeschlossen werden.

---

[245] SG Berlin, Urteil vom 25.04.2012 - S 55 AS 9238/12 - , Rn. 106.
[246] BSG, Urteil vom 17.03.2009 – B 14 AS 62/07 R - .
[247] SG Berlin, Urteil vom 25.04.2012 - S 55 AS 9238/12 - , Rn. 107.
[248] *Becker* in Soziale Sicherheit Extra 9/2011, S. 26.
[249] *Becker* in Soziale Sicherheit Extra 9/2011, S. 26, 27.
[250] BT-Drucks. 17/3404, S. 88; *Becker* in Soziale Sicherheit Extra 9/2011, S. 27.

Sollten diese jedoch weiterhin nicht herausgerechnet werden, würde der Regelbedarf nach unten verzerrt werden, da Asylbewerberleistungen tendenziell niedriger als die der Grundsicherung sind.[251]
Es ist jedoch davon auszugehen, dass der nicht vorgenommene Ausschluss dieser Personengruppe verfassungsrechtlich Bestand haben dürfte, da diese als sehr gering angesehen wird.[252]

Haushalte mit überwiegendem Einkommen aus Selbständigkeit sind als atypisch anzusehen, soweit das verfügbare Einkommen über das Jahr gesehen stark schwanken kann. Da der Erfassungszeitraum der EVS sich jedoch auf drei Monate beschränkt, kann das Bild an der Stelle verzerrt werden. So kann das Einkommen dieser Gruppe, beispielsweise aufgrund saisonaler Entwicklungen oder ausstehender Zahlungen, in dem Quartal fälschlicherweise niedrig sein; auf das Jahr gesehen jedoch über der Grundsicherungsschwelle liegen. Umgekehrt kann das Einkommen fälschlicherweise zu hoch sein, wenn beispielsweise in dem betrachteten Quartal Steuererstattungen oder Werklohn geleistet wird; auf das Jahr gesehen jedoch die Einkünfte im Bereich des unteren Quintil liegen.[253]
Daher ist auch die Einbeziehung dieser Gruppe nicht geeignet, den Referenzhaushalt realitätsgerecht widerzuspiegeln und bedarf seitens des Gesetzgebers einer Überarbeitung.

Ganz grundsätzlich mangelt es bei der Festlegung der Referenzgruppen an dem zuverlässigen Ausschluss derer Haushalte, die unter dem Sozialhilfeniveau liegen.[254] Jedoch ist festzuhalten, dass die Problematik der Einberechnung atypischer Haushalte in die Referenzgruppe nicht bestehen würde, soweit es möglich wäre, die verdeckte Armut methodisch zu erfassen und zuverlässig aus der Referenzgruppe auszuschließen.[255]

(4) Quantilsdefinition
In § 28 Abs. 3 S. 4 SGB XII ist festgelegt, dass für die Bestimmung der Referenzhaushalte ein hinreichend großer Stichprobenumfang sicherzustellen ist. In § 4 RBEG wird weiterhin festgelegt, dass geschichtet nach ihrem Nettoeinkommen, die unteren 15 % der Haushalte der Einpersonenhaushalte und die unteren 20 % der Haushalte der Familienhaushalte berücksichtigt werden.

---

[251] *Becker* in Soziale Sicherheit Extra 9/2011, S. 27.
[252] *Münder* in *Spellbrink*/DSGT S. 20.
[253] *Becker* in Soziale Sicherheit Extra 9/2011, S. 27.
[254] *Münder* in *Spellbrink*/DSGT S. 21.
[255] *Münder* in Soziale Sicherheit Extra 9/2011, S. 70.

In der früher geltenden RSV wurden noch allgemein 20 % der Haushalte zugrunde gelegt.[256] Insofern wird gegenwärtig zumindest für die Einpersonenhaushalte von der früheren Grundlage abgewichen. Diese frühere Grundlage hatte das BVerfG als sachgerecht eingestuft und nicht beanstandet.[257] Dabei ist zu beachten, dass der errechnete Regelbedarf umso höher ausfällt, je quantitativ umfangreicher die Referenzgruppe ausfällt.[258]
Fraglich ist hier nun, in welchem Umfang die untersten 15 bzw. 20 % der Haushalte geeignet sind, dass menschenwürdige Existenzminimum zu erfassen und inwieweit eine Differenzierung zwischen 15 und 20 % gerechtfertigt ist.[259]

Das BVerfG sieht eine Konzentration der Ermittlungen, bezogen auf die untersten Einkommensschichten, als sachgerecht an, da in höheren Einkommensschichten Ausgaben über das existenznotwenige Maß hinaus gemacht werden.[260] Dem Gesetzgeber kommt dabei die Wertung zu, die Größe der Referenzgruppe sachgerecht und vertretbar zu bestimmen.[261] Dabei ist es sachgerecht, die Referenzgruppe möglichst groß zu fassen, um statistisch zuverlässige Daten zu erhalten. Eine Festlegung auf das unterste Quintil wurde vom BVerfG jedoch nicht ausgesprochen, da diesem die Prüfung einer anderen und gegebenenfalls geeigneteren Referenzgruppe nicht obliegt.[262] Somit ist der Gesetzgeber nicht auf das unterste Quintil beschränkt.
Bezüglich der unteren 15 % der Alleinlebenden liegen dieser Referenzgruppe 1 678 Haushalte zu Grunde.[263] Diese Datenmenge wird als ausreichend erachtet.[264] Allerdings verfügt die Referenzgruppe bei 20 % über ein Maximaleinkommen von 990 €, während der Referenzgruppe bei 15 % nur noch 901 € zur Verfügung stehen.[265] Somit sinkt auch der Wert des Regelbedarfs, da weniger Ausgaben getätigt werden können. Entscheidend ist nach dem BVerfG jedoch nur, dass statistisch zuverlässige Daten vorliegen.[266] Dies trifft aber insoweit auf seine Grenzen, wie sich die einschränkende Vorgehensweise summiert und daher das menschenwürdige Existenzminimum nicht mehr gewährleistet ist.[267] Insoweit müsste hier ein Gesamtüberblick immer gewährleistet

---

[256] BGBl. I S. 1067 (2004).
[257] BVerfGE 125, 175, 235.
[258] *Münder* in *Spellbrink*/DSGT S. 22.
[259] *Münder* in Soziale Sicherheit Extra 9/2011, S. 73.
[260] BVerfGE 125, 175, 234.
[261] BSG, Urteil vom 12.07.2012 - B 14 AS 153/11 R - , Rn. 37.
[262] BVerfGE 125, 175, 235.
[263] BT-Drucks. 17/3404 S. 139.
[264] *Becker* in Soziale Sicherheit Extra 9/2011, S. 31.
[265] *Lenze* in LPK-SGB II, Anhang § 20, § 4 Rn. 1.
[266] BVerfGE 125, 175, 236.
[267] *Lenze* in LPK-SGB II, Anhang § 20, § 4 Rn. 2.

sein. In der Referenzgruppe der Einpersonenhaushalte kann das menschenwürdige Existenzminimum, zumindest gemessen an den Fallzahlen, statistisch zuverlässig ermittelt werden.[268]

Anders stellt es sich bezüglich der unteren 20 % der Familienhaushalte dar, da die Datenmenge hier nicht immer ausreichend ist. Bei Paaren mit einem Kind unter sechs Jahren lagen insgesamt 237 Stichprobenhaushalte zugrunde; bei Paaren mit einem Kind zwischen sechs und 13 Jahren lagen 184 Stichprobenhaushalte zugrunde; bei Paaren mit einem Kind zwischen 14 und 17 Jahren lagen 115 Stichprobenhaushalte zugrunde.[269] Diese Fallzahlen werden noch gerade als hinreichend angesehen.[270] Anders ist dies bei den Sonderauswertungen für Verkehr und Kommunikation.[271] Bei Paaren mit einem Kind unter sechs Jahren lagen lediglich 59 bzw. 27 Stichprobenhaushalte zugrunde; bei Paaren mit einem Kind zwischen sechs und 13 lagen nur 38 bzw. unter 25 Stichprobenhaushalte zugrunde; und bei Paaren mit einem Kind zwischen 14 und 17 Jahren lagen nur unter 25 Stichprobenhaushalte zugrunde.[272] Diese Teilgruppen werden als zu klein angesehen, um statistisch zuverlässige Ergebnisse zuzulassen.[273] Als statistisch zuverlässig werden die Auswertungen angesehen, wenn Sie eine Fallzahl von 100 oder mehr aufweisen, da die Fehlerquote dann am geringsten ist.[274] Dies ist hier zwar bei der Menge der Stichprobenhaushalte bei den Konsumausgaben insgesamt der Fall; jedoch liegen die Fallzahlen bei den Sonderauswertungen für Verkehr und Kommunikation teilweise signifikant unter 100.

Daher kann das menschenwürdige Existenzminimum zumindest für diese drei Referenzgruppen nicht zuverlässig ermittelt werden und es bedarf somit einer Nachbesserung.[275]

Bezüglich der Differenzierung der Quantile führt der Gesetzgeber an, dass die Obergrenze beider Gruppen bei 22,3 bzw. 21,8 % liegt. Die unterschiedlichen Quantile ergeben sich durch die Herausrechnung der auszuschließenden Haushalte (beispielsweise wegen Leistungsbezug SGB II). So werden von den Einpersonenhaushalten zunächst 8,6 % und von den Familienhaushalten 2,3 %

---

[268] *Becker* in Soziale Sicherheit Extra 9/2011, S. 31.
[269] BT-Drucks. S. 139 ff.
[270] *Becker* in Soziale Sicherheit Extra 9/2011, S. 31 ff.
[271] *Becker* in Soziale Sicherheit Extra 9/2011, S. 31 ff.
[272] BT-Drucks. S. 139 ff.
[273] *Münder* in Soziale Sicherheit Extra 9/2011, S. 73.
[274] *Becker* in Soziale Sicherheit Extra 9/2011, S. 31.
[275] *Münder* in Soziale Sicherheit Extra 9/2011, S. 73; *Becker* in Soziale Sicherheit Extra 9/2011, S. 31 ff.

der Haushalte zur Vermeidung von Zirkelschlüssen[276] aus der Berechnung ausgeschlossen. Daraus ergibt sich dann die Referenzgruppe, von welcher im Anschluss 15 bzw. 20 % herangezogen werden. Hinsichtlich der Alleinlebenden werden 15 % angesetzt, da die Ansetzung von 20 % zu einer deutlichen Steigerung der relevanten Konsumausgaben führen würde, was wiederum nicht dem Maßstab des menschenwürdigen Existenzminimums entspricht. Hintergrund sind hier allein fiskalische Erwägungen. Für die Familienhaushalte wurden wiederum 20 % aufgrund der geringen Fallzahlen angesetzt.[277]

Der in Art. 3 Abs. 1 GG verankerte Gleichheitsgrundsatz gebietet es jedoch, das Existenzminimum für die gesamte Bevölkerung einheitlich festzusetzen. Da eine Reduzierung der Familienhaushalte auf 15 % keine zuverlässigen Ergebnisse liefern würden, wäre eine Erhöhung der Einpersonenhaushalte auf 20 % erforderlich, um eine Vergleichbarkeit der Referenzgruppen herzustellen. Denn mit dem derzeitigen Berechnungssystem werden die Regelbedarfe für Erwachsene anhand einer ärmeren Gruppe als die der Regelbedarfe für Kinder gemessen.[278] Dies dürfte jedoch als verfassungswidrig angesehen werden.

(5)   Regelbedarfsstufe 1 für Eltern

Eine weitere Ungleichbehandlung, die an Art. 3 Abs. 1 GG zu messen ist, wird auch in der Ableitung des Regelbedarfs von Alleinlebende auf Erwachsene mit Kindern im Familienhaushalt gesehen, da diese unter Umständen andere Aufwendungen haben.[279]

Dem kann so nicht gefolgt werden. Die Aufwendungen für das Kind sind in dem Regelbedarf des Kindes enthalten. Ein spezifischer Mehraufwand für Eltern ist durch etwaige Erstausstattungen im Rahmen von abweichender Leistungserbringung gemäß § 24 Abs. 3 Nr. 2 SGB II abgedeckt (Erstausstattung Schwangerschaft, Geburt und Bekleidung). Inwiefern Eltern ein Mehraufwand in Verbindung mit ihrem Kind entsteht, kommt ganz auf die Beziehung und Intensität der Beschäftigung mit diesem an und bedarf zur zuverlässigen Bemessung wohl einer Sonderauswertung. Jedoch wird eine solche Abgrenzung als kaum möglich angesehen.[280] Es ist jedoch eher davon auszugehen, dass sich die Aufwendungen der Erwachsenen mit Kindern, im Rahmen des internen

---

[276] Der Begriff Zirkelschluss meint hier, dass zunächst Leistungsempfänger nach dem SGB II bzw. XII ausgeschlossen werden müssen, damit nicht von dem aktuellen Transferniveau auf das neu zu ermittelnde Transferniveau geschlossen wird und sich die Regelbedarfsermittlung im Kreis dreht. Siehe dazu Becker in Soziale Sicherheit Extra 9/2011, S. 19.
[277] BT-Drucks. S. 89.
[278] Becker in Soziale Sicherheit Extra 9/2011, S. 28, 29.
[279] Münder in Soziale Sicherheit Extra 9/2011, S. 74.
[280] Becker in Soziale Sicherheit Extra 9/2011, S. 17.

Ausgleichs, mit den Aufwendungen der Alleinlebenden nahezu angleichen und diese Regelung daher verfassungsrechtlich Bestand haben dürfte.

(6) Regelbedarfsstufe 3

Nicht vom BVerfG zu prüfen aber dennoch umstritten ist die Regelbedarfsstufe 3. Diese Regelbedarfsstufe findet Anwendung auf „eine erwachsene Personen, die keinen eigenen Haushalt führt, weil sie im Haushalt anderer Personen lebt und die haushaltsgebundenen Kosten durch diese andere Person bereits abgedeckt sind".[281] Würde beispielsweise eine Mutter mit ihrem 18-jährigen Kind in einer Bedarfsgemeinschaft leben, würde die Mutter zur Regelbedarfsstufe 1 zählen (100 %) und der Sohn zur Regelbedarfsstufe 3 (80 %).[282] Die Höhe von 80 % ergibt sich daher unmittelbar aus der Regelbedarfsstufe 2, in der zwei erwachsene Personen 180 % der Regelbedarfsstufe 1 erhalten. Eine Sonderauswertung liegt den 80 % jedoch nicht zugrunde.[283]

Es wird bemängelt, dass für die Festlegung des Prozentsatzes keine empirische Grundlage oder Plausibilitätsrechnung herangezogen wurde.[284]

Dem kann nicht gefolgt werden. Wenn das BVerfG die 180 % für Partner in der Regelbedarfsstufe 2 als ausreichend belegt ansieht, dürfte für die 180 % aus der Zusammensetzung der Regelbedarfsstufe 1 und 3 nichts anderes gelten.[285] Die Begründung seitens des Gesetzgebers ist sachgerecht und nachvollziehbar und dürfte einer verfassungsrechtlichen Prüfung standhalten.

Auch eine Studie für das BMAS im Rahmen der Weiterentwicklung der für die Ermittlung der Regelbedarfe anzuwendende Methodik gemäß § 10 RBEG hat ergeben, dass keine alternative Berechnung erkennbar ist. Bestehende alternative Berechnungsmethoden weise eine sehr hohe Komplexität und Intransparenz auf und führen zu wenig nachvollziehbaren Ergebnissen. Im Übrigen besteht aufgrund der Ergebnisse kein Anlass davon auszugehen, dass die Prozentsätze zu niedrig angesetzt sind.[286]

---

[281] BT-Drucks. 17/3404 S. 130.
[282] *Münder* in Soziale Sicherheit Extra 9/2011, S. 82.
[283] BT-Drucks. 17/3404 S. 130.
[284] *Becker* in Soziale Sicherheit Extra 9/2011, S. 15; *Münder* in Soziale Sicherheit Extra 9/2011, S. 82.
[285] BVerfGE 125, 175, 244.
[286] „Bericht des BMAS nach § 10 RBEG über die Weiterentwicklung der für die Ermittlung von Regelbedarfen anzuwendenden Methodik" vom Juli 2013, S. 8, 53.

3. Nicht regelbedarfsrelevante Abschläge

Allgemein ist vorab festzuhalten, dass vorgenommene Abschläge immer auch Personen treffen, die diese Ausgaben gar nicht haben. Beispielsweise haben von den 1 678 Haushalten nur 433 Haushalte (hochgerechnet) Ausgaben für Tabak in Höhe von durchschnittlich 41,88 €, was, verteilt auf alle Personen, Ausgaben in Höhe von 11,08 € entsprechen würde.[287] Dieser Betrag wurde als nicht regelbedarfsrelevant gekürzt und vermindert so für alle Leistungsberechtigte das Existenzniveau.[288]

Abschläge und Streichungen darf der Gesetzgeber vornehmen, soweit feststeht, dass die jeweiligen Positionen anderweitig gedeckt sind oder zur Sicherung des Existenzminimums nicht erforderlich sind.[289] Bei der Beurteilung der Abschläge und Streichungen steht dem Gesetzgeber jedoch ein Gestaltungsspielraum zu, der enger ist „soweit der Gesetzgeber das zur Sicherung der physischen Existenz eines Menschen Notwendige konkretisiert, und weiter, wo es um Art und Umfang der Möglichkeit zur Teilhabe am gesellschaftlichen Leben geht".[290] Allerdings muss der Gesetzgeber diese wertende Entscheidung sachgerecht, ver-tretbar, nachvollziehbar und auf einer empirischen Grundlage vornehmen, wobei Schätzungen auf fundierter Grundlage nicht ausgeschlossen sind.[291]

Eine Begründung für Abschläge und Streichungen sind jedoch oft schwierig und unterliegen großem Diskussionsbedarf und unterschiedlichen Ansichten. Festzuhalten ist, dass das BVerfG vermehrt zu einer Alles-oder-Nichts-Entscheidung übergeht.[292]

In den nachfolgenden Tabellen geben die mit „/" gekennzeichneten Felder an, dass dem Wert Angaben von höchstens 24 Haushalten zugrunde liegen. Den mit „(…)" gekennzeichneten Werten liegen Angaben von höchstens 25 bis 99 Haushalten zugrunde.[293]

Sind in einer Position regelleistungsrelevante und nicht regelleistungsrelevante Positionen enthalten, wird Rückgriff auf das Wägungsschema[294] der allgemeinen Preisstatistik genommen, um die nicht regelleistungsrelevanten Positionen

---

[287] *Sartorius* in *Berlit/Conradis/Sartorius*, Kapitel 24 Rn. 105.
[288] *Becker*, Bedarfsmessung bei Hartz IV, WISO-Diskurs Oktober 2010, S. 16.
[289] BVerfGE 125, 175, 237.
[290] BVerfGE 125, 175, 225.
[291] BVerfGE 125, 175, 237.
[292] *Grothe* in NZS 2011, 571, 574.
[293] BT-Drucks. 17/3404 S. 52.
[294] Zur Ermittlung des Verbraucherpreisindex wird ein Warenkorb erstellt, der sämtliche von den privaten Haushalten gekaufte Güter und Dienstleistungen beinhaltet. Für das Wägungsschema werden die Güter in 600 Güterarten eingeteilt und anhand der Entwicklung mit Preisen festgesetzt. Quelle: Statistisches Bundesamt, abgerufen am 12.06.2013.

herauszurechnen. Hierbei können Positionen in Unterpositionen aufgeteilt werden und der regelbedarfsrelevante Promillesatz ermittelt werden.[295]

a) Abteilung 01 Nahrungsmittel, alkoholfreie Getränke

Gegenstand der Nachweisung	Durchschnittliche monatliche Ausgaben der Referenzhaushalte in Euro	Regelbedarfsrelevanter Anteil	Regelbedarfsrelevante Verbrauchsausgaben in Euro
Nahrungsmittel	112,12	100 %	112,12
Alkoholfreie Getränke	13,35	100 %	13,35
Mineralwasser als Substitution der alkoholischen Getränke			2,99
Summe regelbedarfsrelevanter Ausgaben Abteilung 01			128,46

*Quelle der gesamten Tabelle: BT-Drucks. 17/3404 S. 53.

Die im Regelbedarf enthaltenen Ausgaben der Abteilung 01 müssen sicherstellen, dass eine vollwertige Ernährung gewährleistet ist, wobei Grundlage hierfür der aktuelle Forschungsstand der Ernährungswissenschaften ist. Dabei muss es sich um eine schmackhafte und abwechslungsreiche Kost handeln, die die notwendigen Grundinhaltsstoffe wie beispielsweise Vitamine, Fett und Kohlenhydrate abdecken muss. Wird aus medizinischen Gründen eine kostenaufwendige Ernährung notwendig, beispielsweise wegen Diabetes, wird diese gemäß § 21 Abs. 5 SGB II in angemessener Höhe anerkannt.[296]

In dieser Abteilung wurden seitens des Gesetzgebers weder Abschläge noch Streichungen verwirklicht. Es wurde sogar ein Aufschlag vorgenommen als Substitution für alkoholische Getränke. Gegen die Höhe der regelbedarfsrelevanten Verbrauchsausgaben für diese Abteilung bestehen keine Bedanken. Sowohl in der Grundsatzentscheidung des BVerfG[297] als auch bei dem neuen Vorlagebeschluss des SG Berlin[298] und der Entscheidung des BSG[299] wurde diese Abteilung nicht thematisiert. Daher ist davon auszugehen, dass diese Abteilung verfassungskonform ist.

---

[295] BT-Drucks. 17/3404 S. 57.
[296] *Herold-Tews*, L/H, § 20 Rn. 16; *Behrend* in juris-PK SGB II, § 20 Rn. 35.
[297] BVerfGE 125, 175 ff.
[298] SG Berlin, Urteil vom 25.04.2012 - S 55 AS 9238/12 -.
[299] BSG, Urteil vom 12.07.2012 – B 14 AS 153/11 R -.

In der EVS 2003 wurde die Abteilung inklusive Alkohol und Tabak mit 127,31 € berücksichtigt. Nach der Herausnahme von Alkohol und Tabak wurde in der EVS 2008 nichtsdestotrotz eine geringe Erhöhung realisiert.[300]

Soweit in einer empirischen Analyse[301] festgestellt wird, dass die regelbedarfsrelevanten Verbrauchsausgaben für diese Abteilung zu niedrig sind und ein Wert in Höhe von 202,48 € als bedarfsdeckend ermittelt wurde, ist festzuhalten, dass eine Anpassung auf diesen Betrag zum gegenwärtigen Zeitpunkt nicht aufzubringen ist. Hier geht es um eine Grundsicherung, in dessen die Referenzgruppe, selbstverständlich aufgrund des zur Verfügung stehenden kleinen monatlichen geldlichen Rahmens, durchschnittlich die in Abteilung 01 genannten Ausgaben getätigt hat und diese somit auch empirisch belegt wurden.[302] Der Gesetzgeber ist hier daher seiner Pflicht nachgekommen. Des Weiteren würde sich, bei Anhebung des Regelbedarfs allein für diese Abteilung um über 70 €, das gravierende Problem ergeben, dass Beschäftigte in niedrig bezahlten Dienstleistungsberufen, wie beispielsweise dem Friseurhandwerk, nach Abzug aller Kosten weniger verdienten als der Regelbedarf hoch ist. Dies würde wiederum zu einer massiven und folgeschweren Belastung der Arbeitslosenversicherung und Steueraufbringung führen.

Ursprünglich wurde diesem Problem mit dem im § 28 Abs. 4 SGB XII a.F.[303] verankerten Lohnabstandsgebot entgegengewirkt. Dieses sollte gewährleisten, dass das Einkommen aus Arbeitnehmerhaushalten unter der von der Allgemeinheit finanzierten Sozialhilfe liegt.[304] Als Referenzhaushalt diente ein Ehepaar mit drei Kindern. Dieses Lohnabstandsgebot wurde jedoch im Rahmen der Hartz-Reform zum 31. Dezember 2010 ersatzlos gestrichen, da es verfassungsrechtlich keine Grundlage dafür gab, denn das menschenwürdige Existenzminimum muss laut des Grundsatzurteils des BVerfG zu jeder Zeit gewährleistet sein.[305] Dies ist jedoch freilich ein allgemeines Verteilungsproblem, welches in seiner Komplexität nicht Bestandteil dieses Buchs sein soll.

b) **Abteilung 02 Tabakwaren, alkoholische Getränke**

In dem ab 1. Januar 2011 neu berechneten Regelbedarf sind Tabakwaren und alkoholische Getränke nicht mehr enthalten, womit folglich die Abteilung 02 weg-

---

[300] Vergleiche BT-Drucks. 17/3404 S. 53 mit Ausschussdrucks. 16(11)286 S. 8.
[301] *Hausstein, Lutz*, Was der Mensch braucht – 2011, S. 13.
[302] BT-Drucks. 17/3404 S. 53.
[303] BGBl. I. S. 3022 (2003).
[304] *Steffen, Johannes*, Der Abstand zwischen Lohn und Sozialhilfe, S. 3.
[305] BT-Drucks. 17/3404 S. 30.

gefallen ist.[306] Der Gesetzgeber hat hier von dem ihm vom BVerfG eingeräumten Gestaltungsspielraum Gebrauch gemacht, der ihm grundsätzlich die Auswahl der regelbedarfsrelevanten Güter und Dienstleistungen und die Höhe der Abschläge überlässt.[307] Der Gesetzgeber begründet die Nichtberücksichtigung lediglich damit, dass es sich bei Alkohol und Tabak um legale Drogen handelt, die nicht zum existenziellen Grundbedarf zählen.

Die ursprünglich im Regelbedarf enthaltenen monatlichen 11,08 € für Tabakwaren wurden gänzlich gestrichen. Die mit ursprünglich monatlich 8,11 € im Regelbedarf enthaltenen alkoholischen Getränke wurden nach dem Wägungsschema der allgemeinen Preisstatistik um die Spirituosen vermindert, da diese nicht dem Zweck der Flüssigkeitsaufnahme dienen. Der übriggebliebene Teil in Höhe von 7,19 € wurde ersetzt durch Wasser im Wert von 2,99 €. Dies soll im Rahmen der Plausibilitätsrechnung litermäßig der Biermenge entsprechen, die man für 7,19 € erhält. Der Betrag von 2,99 € wird nunmehr in der Abteilung 01 berücksichtigt. Bei preisbewusstem Einkaufen würde hier noch Spielraum für den Kauf von Säften oder anderen alkoholfreien Getränken bleiben.[308]

Dieser Abschlag bzw. Nichtberücksichtigung wird unter Fachleuten durchaus kritisch gesehen, da dies die Leistungsempfänger an einer sozialen Teilhabe hindert und die Höhe der beiden Beträge kein gesundheitsschädliches Verhalten nach sich zieht. Weiterhin gehören ein „Feierabendbier" und eine Zigarette nach deren Ausführungen zur gesellschaftlichen Normalität.[309]

Dem kann so nicht gefolgt werden. Der gekürzte Betrag in Höhe von 11,08 € für Tabakwaren, entspricht ungefähr zwei Packungen a` 24 Zigaretten im Monat. Bei losem Tabak erhöht sich die Anzahl der Zigaretten sogar noch. Dass das Rauchen von Zigaretten gesundheitsgefährdend ist, muss jedem, spätestens seit der Einführung von umfangreichen Schutzmaßnahmen für Nichtraucher in öffentlichen Gebäuden u.ä., bekannt sein. Selbst wenn der Betrag in Höhe von 11,08 € nur für etwas mehr als eine Zigarette am Tag reicht, kann dies schon zu Gesundheitsproblemen führen. Der Ausschluss dieser Position als legale Droge und nicht zum Existenzminimum gehörend, ist somit sachgerecht und nachvollziehbar. Eine tatsächlich bestehende Gesundheitsgefährdung durch das Rauchen, kann nicht durch den Aspekt der sozialen Teilhabe gerechtfertigt und unterstützt werden.

---

[306] BT-Drucks. 17/3404 S. 53.
[307] BVerfGE 125, 175, 237.
[308] BT-Drucks. 17/3404 S. 53.
[309] So *Becker* in Soziale Sicherheit Extra 9/2011, S. 36 ff.; SG Berlin, Urteil vom 25.04.2012 - S 55 AS 9238/12 -; anders: BSG, Urteil vom 12.07.2012 - B 14 AS 153/11 R -.

Bei Alkohol stellt es sich so dar, dass man für 7,19 € ungefähr 24 Flaschen preisgünstiges Bier kaufen kann und ungefähr 4 Liter preisgünstigen Wein. Dies würde dann ungefähr einem Glas Bier bzw. Wein am Tag entsprechen. Auch dies ist recht viel und kann Gesundheitsprobleme hervorrufen und zu Süchten führen. Davon abgesehen, ist es nicht nachvollziehbar, warum mit dem Aspekt der sozialen Teilhabe gerade Alkohol verbunden wird. Für die soziale Teilhabe kommt es auf das Beisammensein an, welches man auch mit unalkoholischen Getränken verwirklichen kann.

Soweit kritisiert wird, dass die Leistungsempfänger laut der Plausibilitätsrechnung des Gesetzgebers auf 12 Liter Wasser verwiesen werden, obwohl alkoholfreies Bier oder Säfte auch Substitute sind, ist dem nur teilweise zuzustimmen.[310] Bei alkoholischen Getränken handelt es sich um eine Art Genussmittel. Werden diese gekürzt, wäre es schlüssig, diese durch Flüssigkeit zu ersetzen, die sich zumindest geschmacklich von Wasser unterscheiden. Allerdings bleibt nach der Berechnung von 12 Litern Wasser in Höhe von 1,52 € noch ein Betrag von 1,47 € monatlich übrig. Hierfür könnte man ungefähr drei Liter preisgünstigen Saft kaufen und beispielsweise Schorlen zubereiten.

Insgesamt dürfte somit auch diese Abteilung den verfassungsrechtlichen Anforderungen standhalten.

c) Abteilung 03 Bekleidung und Schuhe

Gegenstand der Nachweisung	Durchschnittliche monatliche Ausgaben der Referenzhaushalte in Euro	Regelbedarfsrelevanter Anteil	Regelbedarfsrelevante Verbrauchsausgaben in Euro
Herrenbekleidung (ohne Strumpfwaren)	4,42	100 %	4,42
Damenbekleidung (ohne Strumpfwaren)	14,81	100 %	14,81
Herren-, Damen- und Kinderstrumpfwaren	1,28	100%	1,28

---

[310] So *Becker* in Soziale Sicherheit Extra 9/2011, S. 38.

Gegenstand der Nachweisung	Durchschnittliche monatliche Ausgaben der Referenzhaushalte in Euro	Regelbedarfs-relevanter Anteil	Regelbedarfsrelevante Verbrauchsausgaben in Euro
Bekleidungsstoffe	(1,07)	100 %	(1,07)
Bekleidungszubehör	0,90	100 %	0,90
Schuhe für Herren	1,81	100 %	1,81
Schuhe für Damen	5,12	100 %	5,12
Schuhzubehör	0,17	100 %	0,17
Fremde Änderungen und Reparaturen an Bekleidung (einschl. Leihgebühren)	0,37	100 %	0,37
Fremde Änderungen und Reparaturen an Schuhen (einschl. Leihgebühren)	0,45	100 %	0,45
Summe regelbedarfsrelevanter Ausgaben Abteilung 03			**30,40**

*Quelle der gesamten Tabelle: BT-Drucks. 17/3404 S. 54.

Im Rahmen dieser Abteilung wird der Grundbedarf für die laufenden Kosten einer angemessenen Bekleidung abgedeckt, wobei eine Grundausstattung vorausgesetzt wird. Sollte diese aufgrund bestimmter Umstände, wie beispielsweise ein Wohnungsbrand, nicht mehr existieren, werden die Kosten im Rahmen der Erstausstattung für Bekleidung gemäß § 24 Abs. 3 S. 1 Nr. 2 Alternative 1 SGB II gesondert erbracht, da dies nicht Bestandteil des Regelbedarfs ist. Gleiches gilt für die Erstausstattung bei Schwangerschaft und Geburt gemäß § 24 Abs. 3 S. 1 Nr. 2 Alternative 2 SGB II. Weiterhin soll die Bekleidung so angemessen sein, dass der Hilfebedürftige wegen dieser nicht negativ in vergleichbaren Bevölkerungsschichten auffällt, was besonders im Hinblick auf Kinder und Jugendliche gilt. Ferner deckt diese Abteilung nicht nur die reine Bekleidung ab, sondern auch Schuhe und Zubehör wie beispielsweise einen Regenschirm oder ein Portmonee.[311]

Der Gesetzgeber strich die noch in der EVS 2003 mit 100 % enthaltene Position „Chemische Reinigung von Kleidung, Waschen, Bügeln und Färben" und nahm somit einen Abschlag in Höhe von 0,69 € vor.[312] Dieser begründete dies damit, dass das häusliche Waschen und Bügeln eine saubere Wäsche im Rahmen des Existenzminimums gewährleistet. Die erforderlichen Geräte und Waschmittel

---
[311] *Herold-Tews*, L/H, § 20 Rn. 17; *Behrend* in juris-PK SGB II, § 20 Rn. 36.
[312] BT-Drucks. 17/3404 S. 54, 139.

werden in der Abteilung 05 (Verbrauchsgüter und Waschmaschine etc.) berücksichtigt. Die Chemische Reinigung hingegen dient nicht der Existenzsicherung, da sie nur für wenige Kleidungsstücke erforderlich ist und diese nicht zur Alltagsbekleidung zählen. Sollte die Kleidung im Rahmen der Berufsausübung erforderlich sein, können diese Kosten als Werbungskosten abgesetzt werden und mindern dadurch das anrechenbare Erwerbseinkommen gemäß § 11 b Abs. 1 Nr. 5 SGB II. Benötigt der Hilfebedürftige gereinigte Kleidung für ein Vorstellungsgespräch, können diese Aufwendungen aus dem Vermittlungsbudget der Jobcenter übernommen werden.[313]

Problematisch ist hier, dass es nicht empirisch belegt wurde, dass eine chemische Reinigung nur bei teuren Kleidungsstücken und in Ausübung einer beruflichen Tätigkeit erforderlich ist.[314] Hier ist der Gesetzgeber nicht dem Transparentgebot bei Kürzungen einer Abteilung nachgekommen. Gerade bei dem geringen Regelbedarf muss jedoch mit der Bekleidung achtsam umgegangen werden, um eine lange Lebensdauer zu gewährleisten, dies auch im Hinblick auf vorhandene Kleidung für bestimmte Veranstaltungen, wie eine Hochzeit oder besonders voluminöse Kleidungsstücke. Weiterhin werden Leistungen aus dem Vermittlungsbudget der Jobcenter nur nach Ermessen erbracht; hingegen soll das Existenzminimum als Anspruchsleistung ausgestaltet werden.[315] Da es sich bei der Übernahme der Kosten einer chemischen Reinigung im Rahmen des Vermittlungsbudgets lediglich um eine Ermessensleistung handelt, ist diese Position nicht anderweitig gesichert und kann nicht ohne weiteres gestrichen werden. Auch läuft die Begründung insoweit fehl, dass nicht nur Berufskleidung gereinigt werden muss. Weiterhin können Kosten der chemischen Reinigung auch während der Reparatur oder Defekts der Waschmaschine auftreten, wenn man die Wäsche im Waschsalon waschen muss.[316] Dies ist trotz Einsparungen bei Wasser und Strom in der Regel teurer als das häusliche Waschen. Das Einbeziehen von eventuell entstehenden Folgekosten einer Waschmaschinenreparatur in den Regelbedarf erscheint jedoch fraglich.

Insgesamt erscheint die Streichung der Position daher als vom Gesetzgeber nicht genügend begründet und genügt den Vorgaben des BVerfG wohl nicht. Es ist zu raten, die Position wieder in den Regelbedarf einzubeziehen.

In der EVS 2003 wurde diese Abteilung noch mit 34,23 € berücksichtigt. Darin enthalten waren jedoch auch noch die Bedarfe für Kinder und Jugendliche unter

---

[313] BT-Drucks. 17/3404 S. 54.
[314] Stellungnahme SoVD vom 06.10.2010 S. 8.
[315] Stellungnahme SoVD vom 06.10.2010 S. 8.
[316] *Becker* in Soziale Sicherheit Extra 9/2011, S. 38.

14 Jahren, die nun in einem gesonderten Regelbedarf erfasst werden, sowie die Chemische Reinigung. Insgesamt bewegt sich der Bedarf daher in etwa in der Höhe der EVS 2003.[317]

d) Abteilung 04 Wohnen, Energie, Wohnungsinstandsetzung

Gegenstand der Nachweisung	Durchschnittliche monatliche Ausgaben der Referenzhaushalte in Euro	Regelbedarfsrelevanter Anteil	Regelbedarfsrelevante Verbrauchsausgaben in Euro
Ausgaben für Instandhaltung und Schönheitsreparaturen – Material (Mieter)	0,99	100 %	0,99
Ausgaben für Instandhaltung und Schönheitsreparaturen – Material (Eigentürmer)	/	umgerechnet**	/
Ausgaben für Instandhaltung und Schönheitsreparaturen – Handwerker (Mieter)	(0,93)	100 %	(0,93)
Ausgaben für Instandhaltung und Schönheitsreparaturen – Handwerker (Eigentümer)	/	umgerechnet**	/
Strom (auch Solarenergie) – Mieterhaushalte	26,80	100 %	26,80
Strom (auch Solarenergie) – Eigentümerhaushalt	(1,91)	umgerechnet**	(1,32)
Summe regelbedarfsrelevanter Ausgaben Abteilung 04			**30,24**

*Quelle der gesamten Tabelle: BT-Drucks. 17/3404 S. 55.
**Für die Anzahl der Eigentümerhaushalte wurden die Ausgaben der Mieter berücksichtigt.

Der überwiegende Teil der Verbrauchsausgaben dieser Abteilung entfällt auf Miete und Heizung. Da diese Ausgaben gemäß § 22 SGB II gesondert und grundsätzlich in tatsächlicher Höhe erbracht werden und somit abgesichert sind, werden diese Ausgaben nicht im Regelbedarf berücksichtigt. Lediglich die in der Tabelle berücksichtigten Positionen sind regelbedarfsrelevant.[318]

---

[317] Vergleiche BT-Drucks. 17/3404 S. 54 und Ausschussdrucks. 16(11)286 S. 9.
[318] BT-Drucks. 17/3404 S. 55.

Der Regelbedarf nach § 20 Abs. 1 S. 1 SGB II enthält Haushaltsenergie ohne die auf Heizung und Erzeugung von Warmwasser entfallenen Anteile.[319] Dies war jedoch nicht immer so. Bei der Einführung des SGB II zum 1. Januar 2005 wurde die Haushaltsenergie gar nicht erwähnt.[320] In der Fassung bis zum 31. Dezember 2010 hieß es lediglich „Haushaltsenergie ohne die auf die Heizung entfallenden Anteile".[321] Das war jedoch umstritten. Hintergrund ist der, dass die Energie für Heizung und Warmwasser eigentlich im Rahmen der Übernahme der Kosten der Unterkunft gemäß § 22 SGB II in tatsächlicher Höhe übernommen werden, soweit sie angemessen sind. Die Energie für Heizung und Warmwasser ist darin inbegriffen. Daher wurde der Gesetzeslaut wie oben genannt angepasst und enthält nun nicht mehr die Energie für Heizung und Warmwasser.[322]

Eine Besonderheit besteht noch, soweit Warmwasser in einem Boiler dezentral in der Wohnung erzeugt wird. Diese Kosten werden im Rahmen des neu eingeführten Mehrbedarfs gemäß § 21 Abs. 7 SGB II anerkannt.[323]

Bezüglich der Haushaltsenergie wird von der EVS 2003 insoweit abgewichen, dass kein Abschlag mehr in Höhe von 15 % vorgenommen wird, um Heizungsstrom herauszurechnen.[324] Vielmehr wurde eine Sonderauswertung für Haushalte, die nicht mit Strom heizen, vorgenommen, um die tatsächlich benötigte Haushaltsenergie festzusetzen. Weiterhin werden nun auch gesonderte Stromkosten von Eigentümern berücksichtigt, wie beispielsweise Außenbeleuchtung, wobei die Stromkosten der Mieterhaushalte auch für diese als existenz-sichernd unterstellt werden. Letzeres gilt auch für Schönheitsreparaturen und Instandhaltung.[325]

In der EVS 2003 wurde in der Abteilung 04 ein Betrag in Höhe von 24,49 € berücksichtigt. Durch die Sonderauswertung steigt der Betrag um knapp sechs € an.[326]

Problematisch ist derzeit die Umstellung auf erneuerbare Energie und die damit verbundene EEG-Umlage, die die Strompreise derzeit und künftig in die Höhe treibt. Nach einer Berechnung eines Stromvergleichsportals sind die Strompreise

---

[319] BGBl. I S. 453 (2011).
[320] BGBl. I S. 2954 (2003).
[321] BGBl. I S. 1706 (2006).
[322] *Lenze* in LPK-SGB II, § 20 Rn. 31; *Herold-Tews*, L/H, § 20 Rn. 20; *Behrend* in juris-PK SGB II, § 20 Rn. 39 ff.
[323] *Lenze* in LPK-SGB II, § 20 Rn. 31; *Herold-Tews*, L/H, § 20 Rn. 20; *Behrend* in juris-PK SGB II, § 20 Rn. 39 ff.
[324] Diese Vorgehensweise wurde auch durch das BVerfG beanstandet: BVerfGE 125, 175, 239.
[325] BT-Drucks. 17/3404 S. 55, 56.
[326] Ausschussdrucks. 16(11)286 S. 10.

für Hilfebedürftige mehr als 20 % höher als die berücksichtigten Ausgaben in dieser Abteilung.[327] So zahlt ein Einpersonenhaushalt mit einem Jahresverbrauch von 1 500 Kilowattstunden derzeit im Schnitt 39 € pro Monat, wohingegen der Regelbedarf lediglich 30,24 € vorsieht. Freilich kann darüber diskutiert werden, wie viele Kilowattstunden angemessen sind für einen Einpersonenhaushalt und ob diese Entwicklung nicht gerade zum Stromsparen anregt, was wohl auch Hintergrund der EEG-Umlage war. Allerdings ist es eindeutig, dass der Regelbedarf diese Entwicklung der Strompreise nicht berücksichtigt hat und auch nicht konnte, da eine erstmalige Erhebung erst in diesem Jahr erfolgte. Vielmehr muss hier zumindest im Rahmen der Fortschreibung auf diese Problematik eingegangen werden, um einer kontinuierlichen Verschuldung der Haushalte aufgrund von Stromschulden entgegenzuwirken.

Konsequenterweise muss der Gesetzgeber nach den Vorgaben des BVerfG auf solche Entwicklungen sogar zeitnah reagieren, wovon bei der Erhöhung im Rahmen der Fortschreibung nicht gesprochen werden kann, da diese mit einein-halbjähriger Verzögerung eintritt (jährlicher Betrachtungszeitraum + halbes Jahr für Umsetzung). Der Gesetzgeber kann hier, entgegen seiner Aussage, eben nicht zeitnah auf solche Änderungen reagieren.[328]

Weiterhin ist es fraglich inwieweit Mieterhaushalte und Eigentümerhaushalte gleich hohe Ausgaben für die Instandsetzung, Schönheitsreparaturen und Strom haben, da gerade bei Eigentümerhaushalten kein Investitionsstau am Eigentum auftreten sollte. Allerdings handelt es sich hier um eine Grundsicherung, die keine Wertsteigerung vorsieht. Somit dürfte der Betrag für kleine Ausbesserungen ausreichend sein, wobei unabweisbare Aufwendungen bei Wohneigentum zusätzlich im Rahmen von § 22 Abs. 2 SGB II geltend gemacht werden können. Bei größeren Instanthaltungsmaßnahmen kann ein Darlehen in Betracht kommen oder eventuell ein Verkauf, wobei zu berücksichtigen ist, dass Eigentum nicht existenznotwendig ist.

In dieser Abteilung muss der Gesetzgeber nachbessern, um den Vorgaben des BVerfG zu genügen, da eine zeitnahe Weitergabe von Erhöhungen einzelner Ausgabepositionen nicht realisiert wird.

---

[327] Quelle: http://www.spiegel.de/wirtschaft/soziales/strompreis-hartz-iv-leistungen-sind-20-prozent-zu-niedrig-a-908419.html; abgerufen am 01.07.2013.
[328] BT-Drucks. 17/3404 S. 44.

e) Abteilung 05 Innenausstattung, Haushaltsgeräte und -gegenstände

Gegenstand der Nachweisung	Durchschnittliche monatliche Ausgaben der Referenzhaushalte in Euro	Regelbedarfsrelevanter Anteil	Regelbedarfsrelevante Verbrauchsausgaben in Euro
Möbel und Einrichtungsgegenstände	10,11	100 %	10,11
Teppiche und sonstige Bodenbeläge	(1,20)	100 %	(1,20)
Kühlschränke, Gefrierschränke und -truhen	/	100 %	/
Waschmaschinen, Wäschetrockner, Geschirrspül- und Bügelmaschinen	/	100 %	/
Sonstige größere Haushaltsgeräte	(1,44)	100 %	(1,44)
Kleine elektrische Haushaltsgeräte	1,62	100 %	1,62
Heimtextilien	2,35	100 %	2,35
Glaswaren, Geschirr und andere Haushaltsgegenstände	2,04	100 %	2,04
Reparaturen an Glaswaren, Geschirr und anderen Gebrauchsgegenständen für die Haushaltsführung	/	100 %	/
Motorbetriebene Werkzeuge und Ausrüstungsgegenstände für Haus und Garten	(0,36)	Wägungsschema	(0,22)
Andere Gebrauchsgüter für die Haushaltsführung	2,22	100 %	2,22
Verbrauchsgüter für die Haushaltsführung	3,23	100 %	3,23
Lieferung, Installation von Möbeln und elektrischen Leuchten	/	100 %	/
Reparatur von Möbeln, Einrichtungsgegenständen und Bodenbelägen	/	100 %	/
Verlegen von Bodenbelägen	/	100 %	/

Gegenstand der Nachweisung	Durchschnittliche monatliche Ausgaben der Referenzhaushalte in Euro	Regelbedarfsrelevanter Anteil	Regelbedarfsrelevante Verbrauchsausgaben in Euro
Reparaturen von Haushaltsgütern (einschl. Mieten)	/	100 %	/
Fremde Installation von Haushaltsgroßgeräten	/	100 %	/
Summe regelbedarfsrelevanter Ausgaben Abteilung 05			27,41

*Quelle der gesamten Tabelle: BT-Drucks. 17/3404 S. 56.

Zu dieser Abteilung zählt die gesamte notwendige Ausstattung eines Haushalts wie beispielsweise mit Möbeln, Küchenausstattung, Staubsauger und Fernseher. Nicht notwendig sind beispielsweise Wäschetrockner, Geschirrspüler, Computer oder eine Kamera. Nicht im Regelbedarf enthalten ist die Erstausstattung der Wohnung einschließlich der Haushaltsgeräte, da diese bei Bedarf gemäß § 24 Abs. 2 S. 1 Nr. 1 SGB II gesondert erbracht werden.[329]

In dieser Abteilung nahm der Gesetzgeber im Vergleich der EVS 2003 zur EVS 2008 mehrere Änderungen vor.[330]

Die Position Möbel und Einrichtungsgegenstände wird zu 100 % berücksichtigt. In der EVS 2003 wurde noch ein Abschlag in Höhe von 20 % vorgenommen, da Ausgaben für Campingmöbel und Erstausstattungen nicht in den Regelbedarf einfließen sollten.[331] Wohl aufgrund einer fehlenden empirischen Grundlage wurde dieser Abschlag sachgerechterweise aufgegeben.

Die Position „Anfertigung und fremde Reparatur von Heimtextilien" in der EVS 2008 wird nicht mehr berücksichtigt, da diese laut des Gesetzgebers nicht existenzsichernd ist. Dies wird damit begründet, dass Neuware bereits mit der Position „Heimtextilien" abgegolten ist und bei größeren Ausgaben nach einem Umzug oder Schadensereignis eine Erstausstattung anerkannt werden kann. Dem kann so nicht zugestimmt werden, da dies keinen sinnvollen Umgang mit bestehenden Ressourcen darstellt. Ist beispielsweise eine Gardine kaputt, ist es sinnvoller, diese für einen geringen Betrag reparieren zu lassen als eine neue zu

---

[329] *Herold-Tews*, L/H, § 20 Rn. 19.
[330] Die folgenden Änderungen sind der BT-Drucks. 17/3404 S. 57 zu entnehmen.
[331] Ausschussdrucks. 16(11)286 S. 12.

kaufen. Dies ist jedoch mit der Position „Heimtextilien" nicht abgedeckt.[332] Ebenso kommt eine Erstausstattung nur unter bestimmten Umständen in Betracht.

Weiterhin wurde die Position „Fremde Reparaturen an Handwerkszeug" nicht mehr berücksichtigt, da diese nicht als existenzsichernd angesehen wird. Begründet wurde dies damit, dass eine Reparatur nur bei teurem Werkzeug vertretbar ist und der Besitz in der Durchschnittsbetrachtung nur für den privaten Gebrauch genutzt wird und somit Hobby und Freizeit zugeordnet wird. Diese Ansicht ist vertretbar und ausreichend dargelegt.

In der EVS 2008 nahm der Gesetzgeber weiterhin eine Aufteilung zwischen „Motorbetriebene Werkzeuge und Ausrüstungsgegenstände für Haus und Garten" und „nicht motorbetriebene Gartengeräte" vor. Begründet wurde dies damit, dass die Unterhaltung eines Gartens nicht existenzsichernd ist. Daher wurde die Position „nicht motorbetriebene Gartengeräte" gestrichen und die Position „Motorbetriebene Werkzeuge und Ausrüstungsgegenstände für Haus und Garten" um die Ausgaben für den Garten bereinigt. Um regelbedarfsrelevante und nicht regelbedarfsrelevante Ausgaben zu trennen, wurde auf das Wägungsschema zurückgegriffen.[333]

Die Herausnahme wird insofern kritisch gesehen, als dass die Unterhaltung eines Gartens der sozialen Seite der Existenzsicherung dient.[334] Dem kann jedoch nicht zugestimmt werden, da für die Erhaltung des sozialen Existenzminimums kein Garten benötigt wird, zumal dieser wohl nicht vielen Hilfebedürftigen zur Verfügung steht.

Die Nichtberücksichtigung von „nicht motorbetriebene Gartengeräte" wird kritisiert, da ein Grundstück in Ordnung gehalten werden muss und beispielsweise auch eine Räumplicht besteht, für die eine Schneeschaufel benötigt wird.[335] Dem kann nicht zugestimmt werden, da eine Schneeschaufel nicht existenznotwendig ist und sich beispielsweise eine Räumpflicht aus anderen Gründen als aus der Existenzsicherung heraus ergibt. Auch wenn es sich hier lediglich um einen marginalen Betrag von 0,20 € im Monat handelt, ist die Herausnahme der Position hinreichend dargelegt und sachgerecht.

Eine Herausnahme der motorbetriebenen Werkzeuge und Ausrüstungsgegenstände für den Garten sind nachvollziehbar, da diese nicht existenznotwendig sind und nötige Arbeiten auch von Hand erledigt werden können.

---

[332] *Becker* in Soziale Sicherheit Extra 9/2011, S. 39.
[333] Nähere Erläuterungen s. auch Kapitel D.3. und BT-Drucks. 17/3404 S. 57.
[334] Stellungnahme SoVD vom 06.10.2010 S. 9.
[335] *Becker* in Soziale Sicherheit Extra 9/2011, S. 39.

Im ganzen dürfte diese Abteilung den Vorgaben des BVerfG entsprechen, soweit von einer weiteren Untergliederung abgesehen wird.

f) Abteilung 06 Gesundheitspflege

Gegenstand der Nachweisung	Durchschnittliche monatliche Ausgaben der Referenzhaushalte in Euro	Regelbedarfsrelevanter Anteil	Regelbedarfsrelevante Verbrauchsausgaben in Euro
Pharmazeutische Erzeugnisse mit Rezept gekauft (nur Eigenanteil und Rezeptgebühren)	3,47	100 %	3,47
Pharmazeutische Erzeugnisse ohne Rezept gekauft	5,07	100 %	5,07
Andere medizinische Erzeugnisse mit Rezept gekauft (nur Eigenanteile und Rezeptgebühren)	0,67	100 %	0,67
Andere medizinische Erzeugnisse ohne Rezept gekauft	1,44	100 %	1,44
Therapeutische Mittel und Geräte (einschl. Eigenanteil)	2,26	100 %	2,26
Praxisgebühren	2,64	100 %	2,64
Summe regelbedarfsrelevanter Ausgaben Abteilung 06			**15,55**

*Quelle der gesamten Tabelle: BT-Drucks. 17/3404 S. 58.

Eine Absicherung der Hilfebedürftigen gegen die Risiken von Krankheit und Pflegebedürftigkeit erfolgt in der Grundsicherung der Arbeitsuchenden durch die Einbeziehung dieser in die gesetzliche Kranken- und Pflegeversicherung gemäß §§ 5 Abs. 1 Nr. 2a, 10 SGB V, §§ 20 Abs. 1 S. 2 Nr. 2 a, 25 SGB XI bzw. durch Zuschüsse zur privaten Kranken- und Pflegeversicherung gemäß § 26 SGB II.[336] Daher ist in dieser Abteilung nur ein kleiner Teil als regelbedarfsrelevant festgelegt worden.

Folgende Änderungen wurden im Vergleich zwischen der EVS 2003 und der EVS 2008 vorgenommen:[337]

Die angegebenen Ausgaben in der EVS 2008 der Position „Zahnersatz Materialkosten (einschließlich Eigenanteil)" sind nicht mehr regelbedarfsrelevant,

---

[336] *Behrend* in LPK-SGB II, § 20 Rn. 46.
[337] Die folgenden Änderungen sind der BT-Drucks. 17/3404 S. 58 und der Ausschussdrucks. 16(11)286 S. 12 zu entnehmen.

da diese für Leistungsempfänger des SGB II in tatsächlicher Höhe von der Krankenversicherung übernommen werden. Diese Kosten flossen 2003 noch in den Regelbedarf ein.[338] Eine Herausnahme dieser Kosten ist sachgerecht, da diese Kosten anderweitig abgedeckt sind und zumindest eine Grundsicherung in diesem Bereich im Rahmen der Regelversorgung gewährleistet ist. Sollte den Hilfebedürftigen im Rahmen dieser Regelversorgung tatsächlich Zusatzkosten entstehen, müsste dies vom Gesetzgeber geprüft und bei der Berechnung des Regelbedarfs berücksichtigt werden.[339]

Die noch in der EVS 2003 zugrundegelegten regelbedarfsrelevanten Positionen „Orthopädische Schuhe", „Reparatur von therapeutischen Geräten und Ausrüstung" sowie „Miete von therapeutischen Geräten" fließen in den Regelbedarf nicht mehr ein, da hierfür ein neuer einmaliger Bedarf im § 24 Abs. 3 S. 1 Nr. 3 SGB II geschaffen wurde und somit anderweitig abgedeckt ist.

Ebenfalls wurde die Position „Praxisgebühr" in die EVS 2008 aufgenommen und genau wie alle anderen Positionen in der Tabelle zu 100 % berücksichtigt.

Im Vergleich zur EVS 2003 werden in der EVS 2008, trotz Herausnahme verschiedener Positionen, knapp drei € mehr berücksichtigt.[340]

Kritisiert wird, dass die Herausnahme der Arzt- und Zahnarztleistungen es den Hilfebedürftigen nicht erlauben, selbst zu zahlende Spezialuntersuchungen, wie beispielsweise eine Augendruckmessung, durchführen zu lassen.[341] Da diese Untersuchungen nicht bezahlt werden müssen, wenn eine Krankheit tatsächlich vorliegt und diese Praxis wohl auch einen vermehrten Gang zum Arzt verhindern soll, ist die Übernahme der Kosten nicht existenznotwendig und eine Streichung durchaus sachgerecht.

Durch die Aufhebung des § 28 Abs. 4 SGB V und der damit verbundenen Abschaffung der Praxisgebühr zum 31. Dezember 2010 wird sich der Regelbedarf an dieser Stelle vermindern, da Kosten hierfür nicht mehr anfallen.[342]

---

[338] Ausschussdrucks. 16(11)286 S. 12.
[339] Stellungnahme SoVD vom 06.10.2010 S. 9.
[340] Vergleich BT-Drucks. 17/3404 S. 58 mit Ausschussdrucks. 16(11)286 S. 12.
[341] *Becker* in Soziale Sicherheit Extra 9/2011, S. 39.
[342] BGBl. I S. 2789 (2012).

Insgesamt dürfte diese Abteilung den verfassungsrechtlichen Vorgaben des BVerfG entsprechen.

g) Abteilung 07 Verkehr

Gegenstand der Nachweisung	Durchschnittliche monatliche Ausgaben der Referenzhaushalte in Euro	Regelbedarfsrelevanter Anteil	Regelbedarfsrelevante Verbrauchsausgaben in Euro
Kauf von Fahrrädern	/	100 %	/
Zubehör, Einzel- und Ersatzteile für Fahrräder	0,96	100 %	0,96
Wartungen/ Reparaturen	(0,57)	100 %	(0,57)
Fremde Verkehrsdienstleistungen (ohne im Luftverkehr/ohne auf Reisen)	18,41	100 %	18,41
Fremde Verkehrsdienstleistungen (ohne im Luftverkehr/auf Reisen)	(2,00)	100 %	(2,00)
Summe regelbedarfsrelevanter Ausgaben Abteilung 07			**22,78**

*Quelle der gesamten Tabelle: BT-Drucks. 17/3404 S. 59.

Diese Abteilung entspricht weitestgehend der der EVS 2003, mit der Ausnahme, dass die Position „Wartung/Reparatur" hinzugekommen ist. Insgesamt wurde im Vergleich zur EVS 2003 eine Erhöhung von knapp über sieben € realisiert.[343]

Es wurde vom BVerfG als vertretbar angesehen, dass ein Kraftfahrzeug nicht zum Existenzminimum gehört. Hier liege auch kein Wertungswiderspruch zu der Tatsache vor, dass ein angemessenes Kraftfahrzeug gemäß § 12 Abs. 3 S. 1 Nr. 2 SGB II nicht als Vermögen berücksichtigt wird.[344] Daher werden Aufwendungen für ein Kraftfahrzeug nicht im Regelbedarf berücksichtigt. Gleiches gilt für den Urlaubsreiseverkehr, da dieser nicht existenzsichernd ist. Anfallende Kosten für ein Kraftfahrzeug im Rahmen einer Erwerbstätigkeit können als Werbungskosten vom anzurechnenden Einkommen abgezogen werden.[345]

Das BVerfG machte dem Gesetzgeber jedoch die Vorgabe, das die Anteile für Kraftfahrzeuge und Alternativen, wie beispielsweise Fahrräder, realitätsgerecht ermitteln werden müssen, um diese sachgerecht voneinander zu trennen. Dabei

---

[343] Vergleiche BT-Drucks. 17/3404 S. 59 und Ausschussdrucks. 16(11)286 S. 13.
[344] BVerfGE 125, 175, 240.
[345] BT-Drucks. 17/3404 S. 59.

hat der Gesetzgeber zu beachten, dass sich die Kosten der Hilfebedürftigen für den ÖPNV durch die Einsparung der Kosten eines Kraftfahrzeuges erhöhen können. Eine einfache Herausnahme der Position „Kraftstoffe und Schmiermittel" ist demnach nicht ausreichend, da diese Ausgaben als Substitut für beispielsweise den ÖPNV anzusehen sind und bei der Personengruppe, die Ausgaben für ein Kraftfahrzeug haben, als Alternative berücksichtigt werden müssen, wenn diese Position schon gestrichen wird.[346]

Um den Vorgaben des BVerfG zu genügen, hat die Bundesregierung eine Sonderauswertung in Auftrag gegeben, in der für diese Abteilung nur Haushalte berücksichtigt wurden, die keine Ausgaben für Kraftstoffe und Schmiermittel haben. Daraus wird geschlossen, dass diese Haushalte folglich auch nicht über ein Kraftfahrzeug verfügen und den gesamten Mobilitätsbedarf durch das Fahrrad, dem ÖPNV sowie zu Fuß erledigen.[347]

Dies ist jedoch sehr problematisch, da die Vorgaben des BVerfG hier nicht ausreichend umgesetzt werden. Die Anzahl der Haushalte, die Aufwendungen für Kraftfahrzeuge haben, werden nicht mit Alternativkosten für das Kraftfahrzeug, beispielsweise im Rahmen einer Jahreskarte für den ÖPNV, berücksichtigt.[348] Durch die Sonderauswertung wird quasi so getan, als hätten diese Haushalte an der EVS nicht teilgenommen. Dies ist so aber nicht korrekt, gerade im Hinblick darauf, dass das BVerfG extra darauf hingewiesen hat, dass sich durch die Nichtberücksichtigung dieser Haushalte Erhöhungen bei den Verkehrsdienstleistungen ergeben können.

Aus der EVS 2008 ergibt sich, dass 728 000 Haushalte Aufwendungen für die Position „Kraftstoffe und Schmiermittel" hatten. Diese Zahl ergibt sich durch die Subtraktion der gesamten an der EVS 2008 hochgerechneten Haushalte in Höhe von 2 126 000 mit denen an der Sonderauswertung hochgerechneten Haushalte von 1 298 000. Laut der Sonderauswertung der EVS 2008 hatten 748 000 Haushalte, die keine Ausgaben für die Position „Kraftstoffe und Schmiermittel" hatten, durchschnittlich Ausgaben in Höhe von 34,40 € für fremde Verkehrsdienstleistungen. Der Betrag von 34,40 € multipliziert mit den 748 000 Haushalten und wiederum dividiert durch die an der Sonderauswertung teilgenommenen Haushalte mit der Anzahl von 1 398 000 ergibt den zu berücksichtigenden Betrag in Höhe von 18,41 €.[349]

Nun finden aber, entgegen der Vorgabe des BVerfG, die 728 000 Haushalte keine Berücksichtigung, die Ausgaben für Kraftstoffe und Schmiermittel hatten.

---

[346] BVerfGE 125, 175, 240.
[347] BT-Drucks. 17/3404 S. 59.
[348] *Münder* in Soziale Sicherheit Extra 9/2011, S. 75.
[349] *Münder* in Soziale Sicherheit Extra 9/2011, S. 75.

Würde man diese Haushalte in der Berechnung ebenfalls mit durchschnittlichen Ausgaben in Höhe von 34,40 € berücksichtigen, würde sich ein monatlicher Betrag in Höhe von 23,88 € ergeben (1 476 000 Haushalte x 34,40 € : 2 126 000 Haushalte) und den Regelbedarf somit um 5,47 € im Vergleich zum jetzigen Betrag erhöhen.[350]

Soweit bezüglich dieser Berechnung Einwendungen erhoben werden, dass diese nicht schlüssig ist, weil Werte aus der Sonderauswertung und der EVS 2008 sowie der erfassten und hochgerechneten Haushalte vermischt werden, kann dem nicht zugestimmt werden.[351] Die Werte der Sonderauswertung „Haushalte ohne Ausgaben für Kraftstoffe und Schmiermittel" werden von den gleichen Haushalten gewonnen, wie die Werte der Haushalte aus der Abteilung „Verkehr" der EVS 2008. An der Sonderauswertung nehmen aufgrund der Spezifizierung lediglich weniger Haushalte teil. Ein Vergleich der Werte miteinander ist somit zulässig. Weiterhin wurde bei der maßgeblichen Berechnung für die Erhöhung von 5,47 € ausschließlich auf die Werte der hochgerechneten Haushalte zurückgegriffen. Eine Vermischung von erfassten und hochgerechneten Haushalten erfolgt demnach nicht.

Insgesamt besteht bei der Sonderauswertung „Verkehr" dringender Verbesserungsbedarf, da die Berechnung so nicht sachgerecht ist.

Ebenso stellt es sich bei der Kürzung in anderen Abteilungen dar. Grundsätzlich gilt, wenn eine Position nicht berücksichtigt wird, da es eine preisgünstigere Alternative gibt, müssen dafür die entsprechenden Kosten auch für die Personen berücksichtigt werden, von denen dieses Verhalten zukünftig verlangt wird.[352] Bei der Sonderauswertung „Verkehr" hat der Gesetzgeber selbst eine Berechnungsmethode gewählt.[353] Um von diesem selbst gewählten System nicht abzuweichen, müsste der Gesetzgeber jedoch konsequenterweise diese selbst gewählte Berechnungsmethode auch bei anderen Substituten anwenden wie beispielsweise das häusliche Waschen statt der chemischen Reinigung (Abteilung 03), das Festnetztelefon statt dem Mobilfunktelefon (Abteilung 08) und ein erhöhter Energieaufwand, soweit lediglich der Warenwert der Abteilung 11 anerkannt wird.[354] Es grenzt an Willkür, wenn von dieser selbst gewählten Berechnungsmethode bei einzelnen Positionen abgewichen wird und dürfte

---

[350] *Münder* in Soziale Sicherheit Extra 9/2011, S. 76.
[351] So das BSG, Urteil vom 12.07.2012 - B 14 AS 153/11 R - Rn. 72.
[352] *Münder* in *Spellbrink*/DSGT S. 25.
[353] Stellungnahme SoVD vom 06.10.2010 S. 10.
[354] *Münder* in *Spellbrink*/DSGT S. 25.

daher den verfassungsrechtlichen Vorgaben nicht standhalten, soweit der Gesetzgeber diese Abweichung nicht ausreichend begründet.[355]

Eine weitere Sonderauswertung der Bundesregierung zu „Haushalt ohne Pkw" wird wohl deshalb nicht zur o.g. Berechnung herangezogen, weil auch Mopeds und Motorräder herausgerechnet werden sollen, was bei dieser Auswertung nicht gegeben ist. Fraglich ist, warum sie überhaupt in Auftrag gegeben wurde, da sie keinen Einfluss auf die Berechnung nimmt.[356]

Einer Strukturverzerrung dahingehend, dass durch die Nichtberücksichtigung von Ausgaben für Kraftstoffe überproportional Haushalte mit zumeist kurzen Wegen oder einer guten Verkehrsanbindung einbezogen werden, kann nicht ohne weiteres gefolgt werden.[357] Die Sonderauswertung spiegelt die tatsächlichen Ausgaben der Referenzgruppe wider. Werden höhere Ausgaben nicht getätigt, können sie zumindest im Rahmen der EVS keine Berücksichtigung finden. Freilich kann der Regelbedarf nicht auf jeden Einzelfall zugeschnitten sein, jedoch muss zukünftig eine Berücksichtigung der verstärkt negativen Entwicklung der Verkehrssituation gerade in ländlichen Gegenden stattfinden. Eventuell sollte hier für den Mobilitätsbedarf in berechtigten Fällen ein Zuschuss oder ähnliches gewährleistet werden. Dabei muss jedoch auch berücksichtigt werden, dass im Normalfall ein Monats- und gar Jahresticket für erwerbslose Hilfebedürftige nicht unbedingt gerechtfertigt ist.

In dieser Abteilung besteht noch Nachbesserungsbedarf seitens des Gesetzgebers, um die Vorgaben des BVerfG zu erfüllen.

---

[355] Stellungnahme SoVD vom 06.10.2010 S. 10.
[356] *Münder* in Soziale Sicherheit Extra 9/2011, S. 75.
[357] So *Becker* in Soziale Sicherheit Extra 9/2011, S. 40.

h) Abteilung 08 Nachrichtenübermittlung

Gegenstand der Nachweisung	Durchschnittliche monatliche Ausgaben der Referenzhaushalte in Euro	Regelbedarfsrelevanter Anteil	Regelbedarfsrelevante Verbrauchsausgaben in Euro
Kauf von Telefon-, Telefaxgeräten, Mobilfunktelefonen, Anrufbeantwortern	1,17	100 %	1,17
Post- und Kurierdienstleistungen (außer Postbank), private Brief- und Paket-zustelldienste, Versandkosten	3,46	100 %	3,46
Kommunikationsdienstleistungen – Internet/Onlinedienste	2,28	100 %	2,28
Kommunikationsdienstleistungen – Telefon, Fax, Telegramme	25,05	100 %	25,05
Summe regelbedarfsrelevanter Ausgaben Abteilung 08			**31,96**

*Quelle der gesamten Tabelle: BT-Drucks. 17/3404 S. 60.

Der Bereich der Nachrichtenübermittlung deckt einen Teil des sozialen Lebens in der Gemeinschaft, der zu den persönlichen Bedürfnissen des täglichen Lebens gehört und daher in vertretbaren Umfang im Regelbedarf enthalten ist.[358] Als vertretbar wird hierbei das angesehen, was der Durchschnitt der Personen in gleicher oder vergleichbarer finanzieller Situation üblicherweise hierfür aufwendet.[359]

Die Positionen entsprechen denen der Auswertung der EVS 2003, in welcher noch ein Betrag von 30,34 € anerkannt wurde.[360]

Aus den Erläuterungen des Gesetzgebers zu dieser Abteilung ist zu entnehmen, dass in der EVS 2008 zwar Kosten für Mobilfunk angefallen sind, diese jedoch seitens der Bundesregierung nicht anerkannt werden. Dies liegt darin begründet, dass nicht zwei Telekommunikationsarten nebeneinander anerkannt werden. Da der Gesetzgeber davon ausgeht, dass das Festnetz noch weiter verbreitet ist als das Mobilfunktelefon, werden lediglich die Ausgaben für das Festnetz be-

---

[358] *Behrend* in LPK-SGB II, § 20 Rn. 43.
[359] *Saitzek* in *Eicher/Spellbrink*, SGB II, § 20 Rn. 51.
[360] Vergleiche BT-Drucks. 17/3404 S. 60 mit Ausschussdrucks. 16(11)286 S. 13.

rücksichtigt. Zur Ermittlung des Kommunikationsbedarfs wurde eine Sonderauswertung der EVS 2008 in Auftrag gegeben, aus der hervorgeht, wie viele Haushalte Ausgaben für einen Festnetzanschluss bzw. einen Internetzugang haben, jedoch keine Ausgaben für ein Mobilfunktelefon oder ein Kombipaket. Daraus ergeben sich die in der oben abgebildeten Tabelle enthaltenen Werte für diese Positionen. Laut dem Gesetzgeber ist es mit dem anerkannten Betrag von insgesamt monatlich 27,33 € auch möglich, bei einem günstigen Anbieter ein Kombipaket für eine Telefon- und Internetflatrate zu finanzieren. Diese Kosten werden bei allen Haushalten der Referenzgruppe berücksichtigt. Im Ergebnis bleibt es den Hilfebedürftigen selbst überlassen, ob sie anstelle eines Festnetz-telefons lieber ein Mobilfunktelefon nutzen. Eventuell anfallende Mehrausgaben für beispielsweise parallele Nutzung beider Telekommunikationsarten müssen durch Einsparungen an anderer Stelle ausgeglichen werden.[361]

Kritisiert wird, dass das Vorhandensein eines Mobilfunktelefons inzwischen zur gesellschaftlichen Normalität gehört und nur noch etwa 40 % der Einpersonenhaushalte über ein solches nicht verfügen.[362] Dem kann hier nicht gefolgt werden. Es ist sachgerecht und nachvollziehbar, dass der Grundbedarf auf eine Telekommunikationsart beschränkt werden soll. Es muss ausreichend sein, wenn die Leistungsempfänger die Möglichkeit haben, zu telefonieren. Auf welche Art dies ermöglicht wird, bleibt dem Gesetzgeber im Rahmen seines Gestaltungsspielraums überlassen. Diesen hat er ausreichend begründet.
Des Weiteren ergibt sich aus der EVS 2008, dass immer noch mehr Festnetztelefone als Mobilfunktelefone genutzt werden (1 211 Haushalte zu 923 Haushalte).[363]

Die geringfügige Erhöhung der Briefmarkenpreise ab 2013 wird sich bei der Entwicklung der Verbraucherpreise niederschlagen und den Regelbedarf durch die Fortschreibung bzw. die EVS 2013 entsprechend erhöhen.

Diese Abteilung dürfte somit den Vorgaben des BVerfG entsprechen.

---

[361] BT-Drucks. 17/3404 S. 60.
[362] So *Becker* in Soziale Sicherheit Extra 9/2011, S. 41.
[363] BT-Drucks. 17/3404 S. 140.

i) Abteilung 09 Freizeit, Unterhaltung, Kultur

Gegenstand der Nachweisung	Durchschnittliche monatliche Ausgaben der Referenzhaushalte in Euro	Regelbedarfsrelevanter Anteil	Regelbedarfsrelevante Verbrauchsausgaben in Euro
Rundfunkempfänger, Tonaufnahme- und Tonwiedergabegeräte	(0,85)	100 %	(0,85)
Fernseh- und Videogeräte, TV-Antennen	(2,24)	100 %	(2,24)
Datenverarbeitungsgeräte und Software	3,44	100 %	3,44
Bild-, Daten- und Tonträger (einschl. Downloads)	2,59	100 %	2,59
Langlebige Gebrauchsgüter und Ausrüstung für Kultur, Sport, Camping und Erholung	(0,18)	100 %	(0,18)
Sportartikel	1,11	100 %	1,11
Spielwaren und Hobbys	1,21	100 %	1,21
Besuch von Sportveranstaltungen bzw. -einrichtungen	3,16	100 %	3,16
Besuch von Kulturveranstaltungen bzw. -einrichtungen	4,52	100 %	4,52
Sonstige Freizeit- und Kulturdienstleistungen	1,48	100 %	1,48
Ausleihgebühren Sport- und Campingartikel	(0,13)	100 %	(0,13)
Ausleihgebühren Bücher und Zeitschriften	0,72	100 %	0,72
Zeitungen und Zeitschriften	6,53	100 %	6,53
Bücher und Broschüren	5,14	100 %	5,14
Sonstige Gebrauchsgüter für Bildung, Unterhaltung und Freizeit	2,11	100 %	2,11
Sonstige Verbrauchsgüter (Schreibwaren, Zeichenmaterial u.ä.)	2,41	100 %	2,41

Gegenstand der Nachweisung	Durchschnittliche monatliche Ausgaben der Referenzhaushalte in Euro	Regelbedarfsrelevanter Anteil	Regelbedarfsrelevante Verbrauchsausgaben in Euro
Reparatur von Geräten für Empfang, Aufnahme und Wiedergabe von Ton und Bild, von Foto- und Filmausrüstungen und von Gütern der Datenverarbeitungen	(0,48)	100 %	(0,48)
Reparaturen und Installationen von langlebigen Gebrauchsgütern und Ausrüstungen für Kultur, Sport, Camping und Erholung	/	100 %	/
Außerschulischer Unterricht und Hobbykurse	1,61	100 %	1,61
Summe regelbedarfsrelevanter Ausgaben Abteilung 09			**39,96**

*Quelle der gesamten Tabelle: BT-Drucks. 17/3404 S. 61.

In dieser Abteilung wird der soziokulturelle Mindestbedarf der Leistungsempfänger dargestellt.[364] Hier steht dem Gesetzgeber ein weiterer Gestaltungsspielraum als bei der Bestimmung des physischen Existenzminimums zu.[365]

Die Positionen entsprechen mit kleinen Veränderungen inhaltlich denen der EVS 2003, in welcher noch ein Bedarf in Höhe von 39,16 € berücksichtigt wurde.[366]

In der EVS 2008 wird die Position „Schnittblumen und Zimmerpflanzen" nicht mehr berücksichtigt, da diese nicht existenzsichernd ist. Ebenso „Ausleihgebühren für TV-Geräte und Videokameras u.Ä.", da die Anschaffung dieser Geräte bereits regelbedarfsrelevant ist und etwaige Ausleihgebühren somit entbehrlich sind.[367] Dies wurde ausreichend begründet und ist vertretbar.

Die Position „Bild-, Daten- und Tonträger (einschl. Downloads)" wird ab der EVS 2008 neu berücksichtigt, da die Anschaffung der Abspielgeräte regelbedarfs-

---

[364] BT-Drucks. 17/3404 S. 62.
[365] BVerfGE 125, 175, 225..
[366] Vergleiche BT-Drucks. 17/3404 S. 62 mit Ausschussdrucks. 16(11)286 S. 14.
[367] BT-Drucks. 17/3404 S. 62.

relevant ist und daher auch Abspielmaterial erforderlich macht. Ebenso werden „Langlebige Gebrauchsgüter und Ausrüstung für Kultur, Sport, Camping und Erholung", „Reparatur von Geräten für Empfang, Aufnahme und Wiedergabe von Ton und Bild, von Foto- und Filmausrüstungen und von Gütern der Datenverarbeitung" und „Reparaturen und Installationen von langlebigen Gebrauchsgütern und Ausrüstungen für Kultur, Sport, Camping und Erholung" ab der EVS 2008 berücksichtigt. Auch wird die Position „Außerschulischer Unterricht und Hobbykurse", wie vom BVerfG[368] gefordert, berücksichtigt.[369]

Die Nichtberücksichtigung der Rundfunk- und Fernsehgebühren im Regelbedarf ist zutreffend, da die Leistungsbezieher von diesen Gebühren auf Antrag befreit werden.[370] Diese Anträge werden direkt per Post und zeitlich ausreichend im Voraus an die Nutzer gesandt. Auch kann ein vorläufiger Antrag gestellt werden, soweit noch kein Leistungsbescheid vom Jobcenter vorliegt. Soweit Leistungsbezieher diese Anträge nicht fristgemäß beim Beitragsservice einreichen, kann dies nicht zu Lasten der Steuerzahler gehen.

Ebenfalls ist die Nichtberücksichtigung der Positionen „Gartenerzeugnisse und Verbrauchsgüter für die Gartenpflege", „Haustiere", „Glücksspiele" sowie „Pauschalreisen im In- und Ausland" sachgerecht, da diese nicht zum menschenwürdigen Existenzminimum gehören.[371] Diese gehen über einen vertretbaren Umfang einer Teilhabe am sozialen und kulturellen Leben in der Gemeinschaft hinaus.

Diese Abteilung dürfte somit einer verfassungsrechtlichen Prüfung standhalten.

j) Abteilung 10 Bildung

Gegenstand der Nachweisung	Durchschnittliche monatliche Ausgaben der Referenzhaushalte in Euro	Regelbedarfsrelevanter Anteil	Regelbedarfsrelevante Verbrauchsausgaben in Euro
Gebühren für Kurse u.Ä.	(1,39)	100 %	(1,39)
Summe regelbedarfsrelevanter Ausgaben Abteilung 10			1,39

*Quelle der gesamten Tabelle: BT-Drucks. 17/3404 S. 62.

---

[368] BVerfGE 125,175, 240.
[369] BT-Drucks. 17/3404 S. 62.
[370] Andere Meinung: Stellungnahme SoVD vom 06.10.2010 S. 10.
[371] BT-Drucks. 17/3404 S. 62.

In der EVS 2003 wurde die gesamte Abteilung 10 als nicht regelbedarfsrelevant gestrichen.[372] Das BVerfG sah hier dringenden Begründungsbedarf, da die komplette Streichung einer Abteilung vom Statistikmodell abweicht.[373]

Auch nach Auswertung der EVS 2008 werden lediglich „Gebühren für Kurse u.Ä." berücksichtigt.[374]

Die Position „Kinderbetreuung" wird vertretbar nicht berücksichtigt, da diese Ausgaben laut Gesetzgeber für hilfebedürftige Personen regelmäßig nicht anfallen. Die Position „Studien- und Prüfungsgebühren an Schulen und Universitäten" findet keine Berücksichtigung, da etwaige Kosten eines Studiums außerhalb des Rechtskreises des SGB II und des SGB XII geregelt sind. Auch die Position „Nachhilfeunterricht" wird nicht berücksichtigt, da diese für Erwachsene entweder keine Rolle spielt oder als Lernförderung einen gesondert zu erbringenden Bedarf gemäß § 28 SGB II bzw. § 34 SGB XII darstellt.[375]

Kritisiert wird, dass die Position „Studien- und Prüfungsgebühren an Schulen und Universitäten" keine Berücksichtigung findet, obwohl sich BAföG-Empfänger in der Referenzgruppe befinden. Um diesem sicher entgegenzuwirken, müssen die BAföG-Empfänger als atypische Haushalte sicher aus der Referenzgruppe ausgeschlossen werden, da sonst das Statistikmodell unterlaufen wird.[376]
Soweit in dieser Position auch Gebühren für Abendschulen und sonstige Bildungseinrichtungen enthalten sind, ist eine Nichtberücksichtigung sachgerecht, da zumindest staatliche Abendschulen und Bibliotheken in der Regel kostenlos sind.[377]

Der Ausschluss der Position „Nachhilfeunterricht" mit der Begründung, dass diese Position auch für Erwachsene einen gesondert zu erbringenden Bedarf gemäß § 28 Abs. 5 SGB III darstellt, läuft fehl. Denn das Bildungs- und Teilhabepaket findet gemäß § 28 Abs. 1 S. 2 SGB II nur Anwendung auf Personen unter 25 Jahren. Da jedoch erwachsene Leistungsempfänger auch durchaus die Schule nachmachen können, ist der Ausschluss dieser Position nicht ausreichend begründet. Hier müsste im Rahmen einer Sonderauswertung überprüft werden, wie viele Ausgaben für diese Position von Personen ab dem 25. Lebens-

---

[372] Ausschussdrucks. 16(11)286.
[373] BVerfGE 125,175, 240.
[374] BT-Drucks. 17/3404 S. 62.
[375] BT-Drucks. 17/3404 S. 62.
[376] *Becker* in Soziale Sicherheit Extra 9/2011, S. 41.
[377] Andere Meinung: *Becker* in Soziale Sicherheit Extra 9/2011, S. 42.

jahr getätigt wurden. Diese Ausgaben sind dann wiederum im Regelbedarf zu berücksichtigen, gerade im Hinblick darauf, dass es ein wichtiges Ziel sein muss, die Leistungsempfänger für den Arbeitsmarkt interessant zu machen und sie zu vermitteln. Dies wird in der Regel immer leichter, je höher der Bildungsabschluss ist. Es ist demnach auch eine Investition in die Zukunft.

Hier muss der Gesetzgeber nachbessern, um die Vorgaben des BVerfG zu erfüllen.

k) Abteilung 11 Beherbergungs- und Gaststättenleistungen

Gegenstand der Nachweisung	Durchschnittliche monatliche Ausgaben der Referenzhaushalte in Euro	Regelbedarfsrelevanter Anteil	Regelbedarfsrelevante Verbrauchsausgaben in Euro
Speisen und Getränke in Restaurants, Cafes und an Imbissständen	21,00	28,5 %	5,99
Speise und Getränke in Kantinen und Mensen	4,12	28,5 %	1,17
Summe regelbedarfsrelevanter Ausgaben Abteilung 11			**7,16**

*Quelle der gesamten Tabelle: BT-Drucks. 17/3404 S. 62.

Laut dem Gesetzgeber sind die Ausgaben für Beherbergungs- und Gaststättendienstleistungen grundsätzlich nicht regelbedarfsrelevant, da sie nicht zum physischen Existenzminimum gehören. Demnach wird auswärtige Verpflegung in Cafés, Restaurants, Mensen und Kantinen nicht im Regelbedarf berücksichtigt. Weiterhin liegen die Ausgaben für eine auswärtige Mahlzeit über denen, die für eine eigene Beschaffung entstehen. Allerdings mindert die auswärtige Verpflegung die Ausgaben für die Abteilung 01. Hierfür muss ein Ausgleich geschaffen werden. Daher wird lediglich der Warenwert der in Restaurants u.ä. konsumierten Nahrungsmittel und Getränke berücksichtigt. Die Wareneinsatzquote liegt laut der Kostenstrukturstatistik des Statistischen Bundesamtes bei 28,5 %. Daher wird von den tatsächlich aufgewandten Ausgaben dieser Anteil als regelbedarfsrelevant anerkannt.[378]

---

[378] BT-Drucks. 17/3404 S. 63.

Die Position „Übernachtungen" wird nachvollziehbar nicht als regelbedarfsrelevant anerkannt, da sie dem Bereich Urlaub zuzuordnen sind und demnach nicht existenzsichernd ist. Von einer privaten und kostenlosen Übernachtungsmöglichkeit bei einem Besuch von Verwandten wird ausgegangen.[379]

In der EVS 2003 wurden, nach einer Entscheidung der Ministerpräsidenten im Jahr 1989 zur Einführung des neuen Bedarfsbemessungssystems für die Regelsätze in der Sozialhilfe, noch 33 % anerkannt. Daher fielen die anerkannten Ausgaben mit 8,24 € noch etwas höher aus.[380]

Es wird kritisiert, dass bei der Kürzung der Aspekt der sozialen Teilhabe außer Acht bleibt.[381] Dem Gesetzgeber steht hier jedoch ein größerer Gestaltungsspielraum zu als bei der Festlegung des physischen Existenzminimums.[382] Für eine soziale Teilhabe bedarf es nicht zwangsläufig eines Gaststätten- oder Kantinenbesuches. Treffen mit Freunden können auch im häuslichen Bereich wahrgenommen werden. Auch sollte ein Kantinenbesuch nicht die gesamte soziale Teilhabe ausmachen, zumal erwerbsfähige Leistungsempfänger oder Studenten die meiste Zeit mit Kollegen oder Kommilitonen während der Arbeit bzw. des Studiums an sich verbringen. Einer Mitnahme von häuslicher Verpflegung in die Mensa oder die Kantine sollte im Übrigen nichts entgegenstehen.

Weiterhin wird beanstandet, dass die Wareneinsatzquote höher sein dürfte, da im unteren Einkommensbereich eher an Kiosken oder von Pizzadiensten gegessen wird, statt in höherwertigen Restaurants.[383] Dem kann so nicht gefolgt werden. Alle Gaststätten, ob Kiosk oder Restaurant, müssen rentabel arbeiten, um das Gewerbe zu sichern. Freilich hat ein Kiosk weniger Kostenaufwand als ein Restaurant, er verkauft seine Ware dafür aber auch viel preiswerter. Allein die Aussage, dass bei einem Kiosk oder ähnlichem die Wareneinsatzquote höher ist als bei einem Restaurant, reicht für eine empirische Grundlage nicht aus. Die Kostenstrukturstatistik des Statistischen Bundesamtes bildet jedoch solch eine Grundlage und wird daher als ausreichend angesehen.

Problematisch ist hier jedoch, dass Studenten und Aufstocker nicht sicher aus der Referenzgruppe ausgeschlossen wurden. Gerade Studenten unterliegen

---

[379] BT-Drucks. 17/3404 S. 63.
[380] Vergleiche BT-Drucks. 17/3404 S. 63 mit Ausschussdrucks. 16(11)286 S. 15.
[381] So *Becker* in Soziale Sicherheit Extra 9/2011, S. 42.
[382] BVerfGE 125, 175, 225.
[383] So *Becker* in Soziale Sicherheit Extra 9/2011, S. 42.

einem anderen Ausgabeverhalten im Bereich des Mensaessens als andere vergleichbare Einpersonenhaushalte, da die Studenten zumeist den ganzen Tag Vorlesung haben und das Essen dort relativ kostengünstig ist. Dafür sinken für diese Gruppe aber auch die Ausgaben der Abteilung 01.[384]

Bei Mensen ist es jedoch fraglich, ob die Wareneinsatzquote hier eventuell doch höher liegt und ob diese in der Statistik des Statistischen Bundesamtes überhaupt enthalten sind.

Um den Vorgaben des BVerfG zu genügen, muss hier nochmals die Wareneinsatzquote bei Mensen geprüft werden oder eine zuverlässige Herausrechnung der Studenten und Aufstocker erfolgen.

In dieser Abteilung muss der Gesetzgeber nachbessern, um den Vorgaben des BVerfG zu entsprechen.

l) Abteilung 12 Andere Waren und Dienstleistungen

Gegenstand der Nachweisung	Durchschnittliche monatliche Ausgaben der Referenzhaushalte in Euro	Regelbedarfsrelevanter Anteil	Regelbedarfsrelevante Verbrauchsausgaben in Euro
Schmuck und Uhren, davon nur Uhren regelbedarfsrelevant	1,81	Wägungsschema	0,59
Friseurdienstleistungen	6,81	100 %	6,81
Andere Dienstleistungen für die Körperpflege	2,00	100 %	2,00
Elektrische Geräte für die Körperpflege (einschl. Reparaturen)	(0,37)	100 %	(0,37)
Haarpflege, Rasiermittel, Toilettenpapier u.ä.	5,91	100 %	5,91
Sonstige Verbrauchsgüter für die Körperpflege	4,73	100 %	4,73
Andere Gebrauchsgüter für die Körperpflege	2,52	100 %	2,52
Finanzdienstleistungen	1,98	100 %	1,98
Sonstige Dienstleistungen, nicht genannt	2,44	nur Personalausweis	0,25

---

[384] *Münder* in Soziale Sicherheit Extra 9/2011, S. 78.

Gegenstand der Nachweisung	Durchschnittliche monatliche Ausgaben der Referenzhaushalte in Euro	Regelbedarfsrelevanter Anteil	Regelbedarfsrelevante Verbrauchsausgaben in Euro
Mitgliedsbeiträge an Organisationen ohne Erwerbszweck	1,34	100 %	1,34
Summe regelbedarfsrelevanter Ausgaben Abteilung 12			26,50

*Quelle der gesamten Tabelle: BT-Drucks. 17/3404 S. 63.

Diese Abteilung entspricht, abgesehen von kleinen Änderungen, inhaltsgleich der EVS 2003, in welcher noch ein Betrag von 26,79 € monatlich anerkannt wurde.[385]

Neu berücksichtigt werden die Positionen „Schmuck und Uhren" sowie „Mitgliedsbeiträge".[386]

Bei der Position „Schmuck und Uhren" werden nachvollziehbar nur Uhren für Frauen und Männer, sowie Wecker und Batteriewechsel (ohne Küchenuhren) als regelbedarfsrelevant berücksichtigt. Da in der Position jedoch auch nicht regelbedarfsrelevante Ausgaben enthalten sind, werden anhand des Wägungsschemas der allgemeinen Preisstatistik die regelbedarfsrelevanten Ausgaben herausgerechnet.[387]

Weiterhin werden vom Gesetzgeber lediglich die privaten Konsumausgaben der Referenzhaushalte berücksichtigt. Von den Positionen „Versicherungsbeiträge" und „sonstige Übertragungen" wird lediglich 1,34 € für „Mitgliedsbeiträge an Organisationen ohne Erwerbszweck" einbezogen.[388] Diese Position wird erstmals und in vollem Umfang anerkannt und stellt für Erwachsene somit das Substitut der Übernahme von Mitgliedschaftsbeiträgen durch das Bildungs- und Teilhabepaket für Kinder und Jugendliche dar.[389] Dies ist sachgerecht und nachvollziehbar.

Der Ausschluss von freiwilligen Beiträgen an private Krankenversicherungen und Zusatzversicherungen zur Kranken- und Pflegeversicherung ist gerechtfertigt. Eine Begründung bleibt der Gesetzgeber zwar schuldig, jedoch sind die Hilfebedürftigen diesbezüglich bereits durch den Leistungsbezug und der daraus

---

[385] Vergleiche BT-Drucks. 17/3404 S. 63 mit Ausschussdrucksache 16(11)286 S. 16.
[386] BT-Drucks. 17/3404 S. 64.
[387] BT-Drucks. 17/3404 S. 64.
[388] *Becker* in Soziale Sicherheit Extra 9/2011, S. 36.
[389] BT-Drucks. 17/3404 S. 64.

resultierenden Einbeziehung in die Kranken- und Pflegeversicherung ausreichend abgesichert.[390]

Es wird kritisiert, dass freiwillige Beiträge zu Pensions-, Alters- und Sterbekassen oder Risikolebensversicherungen nicht übernommen werden, da seit dem 1. Januar 2011 für Leistungsberechtigte keine Beiträge mehr in die Rentenversicherung geleistet werden.[391] Der Ausschluss ist jedoch insoweit nachvollziehbar, als im Rahmen der Grundsicherung im Alter ein soziales System besteht, dass Leistungsempfänger mit geringen Rentenansprüchen auffängt und diese Position daher anderweitig abgedeckt ist.

Weiterhin wird es kritisch gesehen, dass Beiträge zur Hausrat- und Personenhaftpflichtversicherung sowie zur privaten Unfallversicherung nicht berücksichtigt werden, denn gerade für Personen in diesem Einkommenssegment wäre ein solcher Versicherungsschutz wichtig.[392]
Zunächst ist festzuhalten, dass es sich hier nicht um Pflichtversicherungen im klassischen Sinn wie beispielsweise eine Kfz-Haftpflichtversicherung handelt. Die oben genannten Versicherungen werden freiwillig abgeschlossen.
Bezüglich der Hausrat- und Personenhaftpflichtversicherung ist es nicht nachvollziehbar warum eine Berücksichtigung nicht erfolgt, da gerade in dieser Einkommensgruppe Absicherungen gegen beispielsweise Schadensersatzansprüche sinnvoll wären. Denn eine Erfüllung dieser ist mit dem Regelbedarf grundsätzlich nicht zu leisten und geht letztendlich auch zu Lasten der Anspruchsberechtigten. Hier muss der Gesetzgeber eine Begründung der Streichung noch nachreichen.
Im Hinblick auf eine private Unfallversicherung gelten entsprechend die Ausführungen zu den Beiträgen in eine private Rentenversicherung. In dem sozialen Netz der BRD sind Arbeitsunfälle durch die Leistungen des SGB VII abgesichert. Bei privaten Unfällen tritt die Krankenkasse nach dem SGB V ein. Im Rahmen einer Grundsicherung, wie die des Arbeitslosengelds II, ist eine private Rentenversicherung daher entbehrlich, da eine Absicherung anderweitig abgedeckt ist. Eine Nichtberücksichtigung ist daher nachvollziehbar und sachgerecht, wobei der Gesetzgeber auch hier einer Begründung schuldig bleibt.

---

[390] *Becker* in Soziale Sicherheit Extra 9/2011, S. 36.
[391] *Becker* in Soziale Sicherheit Extra 9/2011, S. 36; BGBl. I S.1885 (2010).
[392] *Becker* in Soziale Sicherheit Extra 9/2011, S. 36.

Unter der Position „sonstige Dienstleistungen" werden lediglich die Ausgaben für den neuen Personalausweis berücksichtigt. Gerechnet auf dessen Kosten in Höhe von 28,80 € und die Gültigkeitsdauer von zehn Jahren ergibt sich ein Betrag von 0,25 € im Monat, so dass nach zehn Jahren insgesamt 30 € berücksichtigt werden.[393]

Problematisch ist hier jedoch, dass man für diesen auch ein biometrisches Passbild benötigt, was wohl nicht mit dem Restbetrag von 1,20 € gedeckt werden kann. Selbst Passbilder aus dem Fotofix sind teurer und es ist zumeist nicht sicher, ob diese überhaupt von der Passbehörde anerkannt werden. Konsequenterweise müsste hier daher noch ein geringer Aufschlag vorgenommen werden.

Da der Gesetzgeber alle Kürzungen und Streichungen erläutern muss, ist es nicht nachvollziehbar, warum die Position „Sonstige persönliche Gebrauchsgegenstände" i.H.v. 1,31 € monatlich nicht berücksichtigt wurde und keine weiteren Ausführungen dazu gemacht wurden.

Auch in dieser Abteilung muss der Gesetzgeber nochmal nachbessern, um die Vorgaben des BVerfG zu erfüllen.

Zusammenfassend kann festgehalten werden, dass der Gesetzgeber bei den Abteilungen 03, 04, 07, 10, 11 und 12 sowohl inhaltlich als rechnerisch nachbessern muss. Er muss dafür Sorge tragen, dass Kürzungen und Streichungen ausreichend begründet werden, Erhöhungen von Verbrauchsausgaben zeitnah an die Hilfebedürftigen weitergegeben werden und sein Berechnungssystem verfassungskonform gestalten ist.

4. Interner Ausgleich

Das BVerfG hat dem Gesetzgeber aufgegeben, dass ein interner Ausgleich zwischen den einzelnen Abteilungen der EVS möglich bleiben muss. Fachleute sehen diesen internen Ausgleich jedoch nach wie vor als nicht mehr gegeben an. Sie kritisieren, dass einzelne Abschläge und Streichungen aus den Abteilungen der EVS das Statistikmodell aushöhlen und eine Vermischung aus dem normativen Warenkorbmodell und dem empirischen Statistikmodell hervorrufen (Methoden-Mix).[394] Der Gesetzgeber belässt es also nicht bei den in empirischen Studien festgelegten Konsumverhalten der Referenzgruppen, sondern bestimmt

---

[393] BT-Drucks. 17/3404 S. 64.
[394] *Münder* in Soziale Sicherheit Extra 9/2011, S. 78; *Sartorius* in *Berlit/Conradis/Sartorius*, Kapitel 24 Rn. 101; *Becker* in Soziale Sicherheit Extra 9/2011, S. 9 ff.

nach der Studie normativ, welche Positionen in den Regelbedarf einfließen und welche nicht bzw. in welcher Höhe. Dafür nimmt der Gesetzgeber nunmehr zumindest Sonderauswertungen gemäß § 1 RBEG vor, um Abschläge ins Blaue hinein zu vermeiden, da das BVerfG diese kritisiert hatte.[395] Jedoch ist dieses System nur begrenzt möglich, da es Sinn des Strukturprinzips des Statistikmodells ist, einen überdurchschnittlichen Bedarf einer Position durch einen unterdurchschnittlichen Bedarf einer Position auszugleichen.[396] Dies würde, bei zu hohen Kürzungen und Streichungen, jedoch irgendwann fehl laufen. Es würde nur funktionieren, soweit der Pauschalbetrag so hoch angesetzt ist, dass ein interner Ausgleich zwischen den einzelnen Positionen jederzeit möglich bleibt.[397] Dies wiederum setzt den Aspekt voraus, dass geprüft wird, ob der interne Ausgleich in der Gesamtbetrachtung jederzeit möglich bleibt, und zwar auch dann, wenn Abschläge oder Kürzungen einzelner Positionen für sich genommen grundsätzlich zulässig sind.[398]

Aus der EVS 2008 geht hervor, was die unteren 15 % der Einpersonenhaushalte durchschnittlich ausgegeben haben. Stellt man eine einfache Rechnung auf und subtrahiert von den jeweiligen Hauptausgaben jeder Abteilung, die die Referenzgruppe also tatsächlich getätigt hat, (bei Abteilung 03 wären dies beispielsweise 31,62 €) die laut Gesetzgeber anerkannten Ausgaben (bei Abteilung 03 wären dies 30,40 €), ergibt sich eine Differenz von insgesamt über 110 €.[399] In Anbetracht der Höhe des Regelbedarfs, beispielsweise der Regelbedarfsstufe 1 von monatlich 382 €, ist dies ein irrealer Kürzungsbetrag von über 20 %. Ein interner Ausgleich zwischen einzelnen Positionen erscheint hier fast unmöglich. Dies dürfte verfassungsrechtlich keinen Bestand haben und bedarf dringend einer Nachbesserung.

Im Übrigen wird empfohlen, dass der Kürzungsbetrag nicht mehr als 10 bis maximal 15 % betragen sollte, um die Funktionsweise des Statistikmodells nicht auszuhöhlen.[400]

5. **Fortschreibung der Regelbedarfe und sonstiger Leistungen**

Als Folge des Urteils des BVerfG wurde das RBEG rückwirkend zum 1. Januar 2011 in Kraft gesetzt und löste damit die RSV ab.[401] Eine Anpassung erfolgt ab diesem Zeitpunkt anhand eines Mischindexes.[402]

---

[395] *Sartorius* in Berlit/Conradis/Sartorius, Kapitel 24 Rn. 101; BVerfGE 125, 175, 238 ff.
[396] *Münder* in Soziale Sicherheit Extra 9/2011, S. 78.
[397] BVerfGE 125, 175, 253.
[398] *Münder* in Soziale Sicherheit Extra 9/2011, S. 79.
[399] BT-Drucks. 17/3404 S. 139 – 143.
[400] *Becker* in Soziale Sicherheit Extra 9/2011, S. 46.
[401] BGBl. I S. 496 (2011).

Doch weiterhin wird die Umsetzung der Vorgabe des BVerfG durch den Gesetzgeber bezüglich der Fortschreibung der Regelbedarfe von Fachleuten kritisiert. Dies insbesondere im Hinblick auf den Mischindex, den Anpassungstermin sowie die fehlende Fortschreibung der pauschal erbrachten Bedarfe für Bildung und Teilhabe.[403]

So sei der Mischindex zwar verfassungsrechtlich haltbar, allerdings hat dieser auch Schwächen bei der Bemessung des Existenzminimums.[404] Es ist sachdienlich, dass das Existenzminimum sowohl anhand der Entwicklung der Preise für regelbedarfsrelevante Güter und Dienstleistungen als auch an die Entwicklung der Nettolöhne und -gehälter beschäftigter Arbeitnehmer gekoppelt wird.[405] Die Gewichtung von 70 zu 30 begründet der Gesetzgeber damit, dass es sich bei den Leistungen nach dem SGB II um eine physische Existenzsicherung handelt, bei welcher hauptsächlich der reale Wert zu sichern ist.[406] Daher geht die Preisentwicklung zu 70 % ein und die Wohlfahrtentwicklung zu 30 %.[407] Auch dies wird als durchaus zweckmäßig bezeichnet.[408]

Allerdings ist es möglich, dass durch genau diese Gewichtung das Ziel der Realwerterhaltung nicht erreicht wird. Problematisch ist es demnach, wenn die Nettolöhne und -gehälter sinken und sich somit auf den Regelbedarf mindernd auswirken, dies zwar nur abgeschwächt, da die Minderung lediglich zu 30 % in den Regelbedarf einfließt. Dennoch würde dies einer verfassungsrechtlichen Prüfung wohl nicht standhalten.[409]

Eventuell sollte hier über eine Art Bestandsschutz nachgedacht werden, bei welchem die Entwicklung der Nettolöhne zumindest gleichbleibend sein muss und nicht absinken darf. Es stellt sich an dieser Stelle dann jedoch die Frage, inwieweit es angemessen ist, dass der Regelbedarf bei einer positiven Entwicklung der Nettolöhne und -gehälter steigt, bei einer negativen Entwicklung jedoch gleich bleibt und sich nicht mindernd auswirkt.[410]

Es ist allerdings davon auszugehen, dass der neue Fortschreibungsmechanismus einer eventuellen verfassungsrechtlichen Prüfung standhält, da

---

[402] BGBl. I S. 482 (2011).
[403] U.a. *Münder* und *Becker* in Soziale Sicherheit Extra 9/2011; *Lenze* in LPK-SGB II, Anhang § 20, § 7 Rn. 7; Stellungnahme SoVD vom 06.10.2010.
[404] *Münder* in Soziale Sicherheit Extra 9/2011, S. 90 ff.; *Becker* in Soziale Sicherheit Extra 9/2011, S. 48 ff.
[405] *Becker* in Soziale Sicherheit Extra 9/2011, S. 48.
[406] BT-Drucks. 17/3404 S. 122.
[407] BT-Drucks. 17/3404 S. 122.
[408] *Becker* in Soziale Sicherheit Extra 9/2011, S. 48.
[409] *Becker* in Soziale Sicherheit Extra 9/2011, S. 48.
[410] Zumindest im Vergleich des Jahres 2011 zum Jahr 2012 haben sich die Nettolöhne um 2,3 % gesteigert und die Verbraucherpreise um 2,0 %, Quelle: laut Nachfrage beim Statistisches Bundesamt vom 07.06.2013.

insbesondere in dem Vorlagebeschluss des SG Berlins vom 25. April 2012[411] und dem Urteil des BSG vom 12. Juli 2012[412] zumindest keine direkte Kritik mehr an diesem geäußert wurde.

Langfristig strebt der Gesetzgeber jedoch eine Fortschreibung anhand der LWR an.[413] Gesetzlich verpflichtet zur Fortentwicklung der Berechnungsmethode hat sich der Gesetzgeber durch § 10 Abs. 1 RBEG. Demnach hatte das BMAS dem Bundestag bis spätestens 1. Juli 2013 einen Bericht über die Weiterentwicklung der für die Ermittlung von Regelbedarfen anzuwendenden Methodik vorzulegen.[414] In diesem wurde jedoch noch keine Auswertung zum Forschungsprojekt bezüglich der Anwendung der LWR als Fortschreibungsmethode vorgestellt.[415] Es bleibt daher weiterhin abzuwarten, ob diese als Grundlage in Betracht kommt.

Weiterhin wird auch der Anpassungstermin kritisch bewertet. So findet eine Anpassung nach dem RBEG zum 1. Januar eines Jahres statt und nicht mehr, wie nach der RSV, zum 1. Juli eines Jahres. Damit soll vermieden werden, dass in Jahren, für die die Regelbedarfe neu zu ermitteln sind, eine doppelte Anpassung zum 1. Januar (Ermittlung) sowie zum 1. Juli (Fortschreibung) eines Jahres erfolgt.[416]

Maßgeblich ist gemäß § 28 a Abs. 2 SGB XII die Entwicklung vom 1. Juli des Vorvorjahres bis zum 30. Juni des Vorjahres gegenüber dem davorliegenden Zwölfmonatszeitraums. Eine Anpassung findet dann zum 1. Januar des Folgejahres statt. Die Lücke zwischen dem 1. Juli und dem 31. Dezember des Vorjahres wird damit begründet, dass dies die kürzeste Zeit für die Ermittlung der Veränderungsrate und für ein Verordnungsverfahren ist.[417] Das BVerfG hatte jedoch dem Gesetzgeber aufgegeben, auf Veränderung zeitnah zu reagieren.[418]

Es ist nachvollziehbar, dass der maßgebliche Zeitraum für die Bemessung des Regelbedarfs nicht den Zeitraum vom 1. Januar bis 31. Dezember eines Jahres umfassen kann, da dem Gesetzgeber dann keine Zeit bleiben würde, eine ordnungsmäßige Berechnung und ein geordnetes Verfahren durchzuführen. Dies auch insbesondere im Hinblick darauf, dass das Bundesministerium für Arbeit und Soziales gemäß § 20 Abs. 5 S. 3 SGB II die Höhe der Regelbedarfe für das

---

[411] SG Berlin, Urteil vom 25.04.2012 - S 55 AS 9238/12 -.
[412] BSG, Urteil vom 12.07.2012 – B 14 AS 153/11 R -.
[413] BT-Drucks. 17/3404 S. 122.
[414] BT-Drucks. 17/3404 S. 122.
[415] S. auch „Bericht des BMAS nach § 10 RBEG über die Weiterentwicklung der für die Ermittlung von Regelbedarfen anzuwendenden Methodik" vom Juli 2013.
[416] BT-Drucks. 17/3404 S. 122.
[417] BT-Drucks. 17/3404 S. 122.
[418] BVerfGE 125,175, 225.

nachfolgende Kalenderjahr spätestens zum 1. November eines Jahres bekanntgeben muss.

Jedoch ist die Regelung für eine Anpassung nach Vorliegen der Ergebnisse einer neuen EVS durchaus kritisch zu sehen. So beziehen sich die Ergebnisse einer EVS auf ein Kalenderjahr, während dessen sich die Fortschreibung auf den Zeitraum vom 1. Juli des Vorvorjahres bis 30. Juni des Vorjahres bezieht.[419] Daher wurde mit dem § 7 Abs. 2 RBEG eine Sonderregelung zu § 28 a Abs. 2 SGB II geschaffen, durch welche die Veränderung der Durchschnittswerte des Kalenderjahres 2008 zum Kalenderjahr 2009 Grundlage der Anpassung für das Jahr 2011 wurde, in welchem gleichzeitig die Neuberechnung des Regelbedarfs aus der EVS 2008 Einzug fand.[420] Problematisch ist an dieser Stelle, dass das erste Halbjahr 2010 nicht in die Berechnung des Regelbedarfs für das Jahr 2011 eingegangen ist.[421] Diesem Zeitraum wird erst durch eine Sonderregelung Rechnung getragen. So wird die Fortschreibung des Regelbedarfs für das Jahr 2012 zweistufig geregelt. Der Zeitraum vom 1. Januar 2010 bis 30. Juni 2010 wird mit einer Veränderungsrate von 0,75 % gemäß § 138 Nr. 1 SGB XII berücksichtigt. Ebenso geht der normale Zeitraum vom 1. Juli 2010 bis 30. Juni 2011 gemäß § 138 Nr. 2 SG XII in die Berechnung mit ein. Der Regelbedarf bleibt somit, zumindest für Jahre, in denen die Auswertung einer neuen EVS Grundlage der Regelbedarfsberechnung ist, hinter der Entwicklung zurück, was verfassungsrechtlich fragwürdig ist.[422] Dies dürfte für den nächsten Termin der Auswertung der EVS 2013 zum 1. Januar 2016 wieder gelten, soweit diese Regelung nicht überarbeitet wird.

Daher wird vorgeschlagen den Anpassungstermin wieder auf den 1. Juli eines Jahres zu legen.[423] So würde der Anpassungszeitraum ein Kalenderjahr betragen und es blieben für etwaige Auswertungen und Verordnungsverfahren ein halbes Jahr Zeit. Ebenfalls würden sich keine verschiedenen Abgrenzungszeiträume nach der Auswertung einer neuen EVS ergeben.[424]

Konsequent an die Vorgaben des BVerfG gehalten, müsste jedoch wieder in den Jahren einer neuen EVS eine Anpassung zum 1. Januar (Ermittlung) und 1. Juli einer Jahres (Fortschreibung) erfolgen, da dies die zeitnaheste Entwicklung widerspiegelt. So würde die Fortschreibung der Jahre 2013 und 2014 jeweils zum 1. Juli des folgenden Jahres erfolgen. Zum 1. Januar 2016 würde eine An-

---

[419] *Becker* in Soziale Sicherheit Extra 9/2011, S. 48.
[420] *Becker* in Soziale Sicherheit Extra 9/2011, S. 48.
[421] *Hoenig/Kuhn-Zuber*, Recht der Grundsicherung, S. 128 Rn. 10.
[422] *Becker* in Soziale Sicherheit Extra 9/2011, S. 48., *Münder* in Soziale Sicherheit Extra 9/2011, S. 91.
[423] *Becker* in Soziale Sicherheit Extra 9/2011, S. 49, 51.
[424] *Becker* in Soziale Sicherheit Extra 9/2011, S. 49.

passung anhand der EVS 2013 für die Entwicklung der Jahre 2013 zu 2014 erfolgen und zum 1. Juli 2016 die Fortschreibung für den Zeitraum 1. Januar 2015 bis 31. Dezember 2015.

Eine weitere Problematik der Fortschreibung ergibt sich bei sonstigen Leistungen, insbesondere beim Bildungs- und Teilhabepaket.
Die Fortschreibung stellt sich als unproblematisch dar, soweit die Bedarfe in tatsächlicher Höhe übernommen werden, wie beispielsweise Kosten für Schulausflüge gemäß § 28 Abs. 2 Nr. 1 SGB II. Ebenfalls unproblematisch ist dies bei einem prozentual an den Regelbedarf gekoppelten Bedarf, wie beispielsweise der Mehrbedarf für werdende Mütter gemäß § 21 Abs. 2 SGB II. Auch soweit der Bedarf individuell erbracht wird, wie beispielsweise der Mehrbedarf für Ernährung, ist eine fehlende Fortschreibung unproblematisch, da sich geänderte Preise auf den individuellen Bedarf niederschlagen.[425]

Soweit allerdings Bedarfe in Form einer Pauschale abgegolten werden, fehlt eine Fortschreibung. Dies gilt insbesondere für die Pauschale für die Ausstattung mit persönlichem Schulbedarf in Höhe von 100 € jährlich gemäß § 28 Abs. 3 SGB II. Ebenso gilt dies für den pauschal erbrachten Bedarf zur Teilhabe am sozialen und kulturellen Leben in der Gemeinschaft in Höhe von zehn € monatlich gemäß § 28 Abs. 7 SGB II. Diese Kosten unterliegen ebenfalls der Preissteigerung und wurden aus dem Regelbedarf der Kinder gestrichen, wo diese Kosten grundsätzlich fortgeschrieben worden wären.[426]
Da zumindest der Betrag für den persönlichen Schulbedarf zurzeit weit über den vormals im Regelbedarf enthaltenen Betrag liegt, ist eine Fortschreibung zum gegenwärtigen Zeitpunkt hier nicht nötig. Sollte dieser Bedarf jedoch in der Form beibehalten werden, muss zumindest langfristig über eine angemessene Fortschreibungsmethode nachgedacht bzw. der Betrag überprüft und weiterentwickelt werden. Für die Teilhabeleistungen sollte jedoch, aufgrund der knappen Bemessung, eine Überprüfung und Weiterentwicklung bei der nächsten Regelbedarfsanpassung erfolgen.[427]

---

[425] *Lenze* in LPK-SGB II, Anhang § 20, § 7 RBEG Rn. 7; *Münder* in Soziale Sicherheit Extra 9/2011, S. 90.
[426] *Lenze* in LPK-SGB II, Anhang § 20, § 7 RBEG Rn. 7; *Münder* in Soziale Sicherheit Extra 9/2011, S. 90.
[427] BT-Drucks. 17/3404 S. 105, 106; *Münder* in Soziale Sicherheit Extra 9/2011, S. 90.

6. Härtefallregelung

Das BVerfG hatte eine fehlende „Öffnungsklausel" oder „Härtefallregelung" im SGB II kritisiert und den Gesetzgeber aufgefordert, eine solche zu schaffen.[428] Diese hat in dem Gesetz zur Abschaffung des Finanzplanungsrates und zur Übertragung der fortzuführenden Aufgaben auf den Stabilitätsrat sowie zur Änderung weiterer Gesetze (StabRuaÄndG)[429] vom 27. Mai 2010 seine gesetzliche Grundlage. Die nun in § 21 Abs. 6 SGB II implementierte Härtefallregelung trat zum 3. Juni 2010 in Kraft. Die Geltendmachung eines solchen Anspruches konnte jedoch bereits mit Verkündung des Urteils geltend gemacht werden. Hierfür hat das Gericht eine Übergangsregelung ausgesprochen.[430] Eine rückwirkende Geltendmachung kam allerdings nicht in Betracht.[431]

Kritisiert wird hier der Wortlaut der Norm, der fast eins zu eins aus dem Urteil des BVerfG übernommen wurde.[432] So ist die Formulierung „Berücksichtigung von Einsparmöglichkeiten" missverständlich, da diese im Rahmen des pauschalierten Regelbedarfs nicht bestehen.[433] Dennoch bleibt bei der Formulierung genügend Raum, um die Norm verfassungskonform auszulegen.[434]

Auch wird die Härtefallregelung als zu eng empfunden.[435] Anwendungsfälle für die Härtefallregelung sind laut Gesetzgeber dauerhaft benötigte Hygienemittel bei bestimmten Erkrankungen (z.B. HIV, Neurodermitis), Putz- bzw. Haushaltshilfe für Rollstuhlfahrer und Kosten zur Wahrnehmung des Umgangsrechts bei getrennt lebenden Eltern. Diese Aufzählung ist nicht abschließend. Grundsätzlich nicht erfasst sind jedoch Mehrbedarfe für die Praxisgebühr (welche nunmehr weggefallen ist), Schulmaterialien und Schulverpflegung, Bekleidung bzw. Schuhe in Über- oder Untergrößen, nicht von § 21 Absatz 5 SGB II umfasster krankheitsbedingter Ernährungsaufwand, Brille, Zahnersatz und orthopädische Schuhe.[436]

Das Gericht muss daher bezüglich der Härtefallregelung im Rahmen seiner Rechtsprechung im Einzelfall entscheiden, wie weit eine verfassungskonforme Auslegung reicht.

---

[428] BVerfGE 125, 175, 259..
[429] BGBl. S. 671 (2010).
[430] BVerfGE 125, 175, 259; BVerfG, Beschluss vom 24.03.2010 - 1 BvR 395/09 - ; FamRZ 2010, 716.
[431] BVerfG, Beschluss vom 24.03.2010 - 1 BvR 395/09 - ; FamRZ 2010, 716; Münder in Spellbrink/DSGT S. 47.
[432] BVerfGE 125, 175, 255.
[433] Münder in Spellbrink/DSGT S.48.
[434] Münder in Spellbrink/DSGT S.48.
[435] Sartorius in Berlit/Conradis/Sartorius, Kapitel 24 Rn. 3.
[436] BT-Drucks. 17/1465 S.

V. Fazit

Die Berechnung des Regelbedarfs ist kompliziert, umfangreich und in vielen Punkten umstritten. Genau deshalb wird es zu keinem Zeitpunkt den einen Regelbedarf geben, der für jeden Einzelfall ausreichend ist. Es besteht einfach nicht die Möglichkeit einen solchen festzulegen, da es dem Gesetzgeber unmöglich ist, den Spagat zwischen seinem eigenen Haushalt, den Interessen derer, die sich nicht im Leistungsbezug befinden und den Leistungsbeziehern selbst, zu meistern und alle zufriedenzustellen. Jede noch so kleine Erhöhung des Regelbedarfs bedeutet immense Kosten für den Bundes- und Landeshaushalt. Das Lohnabstandgebot wurde abgeschafft, womit eine fließende Grenze zwischen der Höhe der Löhne und der Höhe des Regelbedarfs entstanden ist und wogegen wohl nur noch die Einführung eines flächendeckenden Mindestlohns gegenwirken kann. Die Leistungsempfänger wiederum klagen über einen zu niedrigen Regelbedarf.

Doch fraglich ist allein, wie das BVerfG die neuen Regelungen seitens des Gesetzgebers bewertet, da nur dieses über eine Verfassungsmäßigkeit des Regelbedarfs entscheiden kann.

Nach der in dieser Untersuchung vorgenommenen Auswertung aller Vorgaben und Änderungen wird die Berechnung des Regelbedarfs wohl jedoch noch immer nicht einer erneuten verfassungsrechtlichen Prüfung standhalten. Und diese Prüfung wird schneller als erwartet erfolgen, da bereits zwei neue Vorlagebeschlüsse bezüglich der Verfassungsmäßigkeit des Regelbedarfs an das BVerfG ergangen sind. Das BVerfG wird sich daher abermals damit beschäftigen müssen, ob der Gesetzgeber seinen Gestaltungsspielraum eingehalten hat und ob der Regelbedarf und die weiteren neu eingeführten Vorschriften für ein menschenwürdiges Existenzminimum ausreichend sind. Mit einem Urteil ist hier jedoch frühestens im Jahr 2014 zu rechnen.

Bis zu diesem Zeitpunkt bleibt dem Gesetzgeber nichts anderes, als auf seinen jetzigen Standpunkt zu beharren und zu hoffen, dass das BVerfG nicht eine erneute Grundsatzentscheidung fällt, die dann nicht nur zu Lasten des Gesetzgebers sondern auch zu Lasten aller Steuerzahler geht. Denn auch wenn die Berechnung des Regelbedarf teilweise unzulässig ist, erscheint die Höhe in der Gesamtbetrachtung für eine Grundsicherung insgesamt als ausreichend. Und je mehr sich der Regelbedarf den Löhnen niedrig bezahlter Berufe annähert, desto weniger Menschen werden tagtäglich bereit sein ihre Arbeit anzutreten. Das wäre jedoch das Ende unseres bis jetzt noch überwiegend funktionierenden Sozialstaates, was wiederum nicht im Interesse der Beteiligten liegen dürfte und sollte.

Literaturverzeichnis

Battis, Ulrich / Gusy, Christoph	Einführung in das Staatsrecht, 5. Auflage, Verlag de Gruyter, Berlin/Boston 2011 **zitiert:** *Battis/Gusy*, Einführung in das Staatsrecht, § ..., Rn. ...
BMAS	Übersicht über das Sozialrecht, 5. Auflage, BW Bildung und Wissen, Nürnberg 2008 **zitiert:** *BMAS*, Übersicht über das Sozialrecht, S. ...
Berlit, Prof. Dr. Uwe Conradis, Dr. Wolfgang/ Sartorius, Dr. Ulrich	Existenzsicherungsrecht, 2. Auflage 2013, Verlag Nomos, Baden-Baden 2013 **zitiert:** *Bearbeiter* in *Berlit/Conradis/Sartorius*, Kapitel ... Rn. ...
Deutscher Gewerkschaftsbund	Soziale Sicherheit Extra, Zeitschrift für Arbeit und Soziales, Sonderheft September 2011 **zitiert:** *Bearbeiter* in Soziale Sicherheit Extra 9/2011, S. ...
Eichenhofer, Eberhard	Sozialrecht, 8. Auflage, Mohr Siebeck, Tübingen 2012 **zitiert:** *Eichenhofer*, Sozialrecht, S. ... Rn. ...
Eicher, Wolfgang	SGB II, Grundsicherung für Arbeitsuchende, Verlag C.H. Beck, München 2013 **zitiert:** *Eicher/Spellbrink*, SGB II, § ... Rn. ...

Gagel, Dr. Dr. H.C. Alexander	SGB II/SGBIII, Grundsicherung, Arbeitsförderung, Stand 01.12.2012, Verlag C.H. Beck, München 2013 **zitiert:** *Bearbeiter* in *Gagel*, SGB II, § ... Rn. ...
Gröpl, Dr. Christoph	Staatsrecht I, 4. Auflage, Verlag C.H.Beck, München 2012 **zitiert:** *Gröpl*, Staatsrecht I, § ..., Rn. ...
Haubelt, Karl Georg	Das Sozialhilferecht des SGB XII, Verlag Kohlhammer, Stuttgart 2005 **zitiert:** *Haubelt*, Das Sozialhilferecht, S. ... Rn. ...
Hoenig, Ragnar/Kuhn-Zuber, Prof. Dr. Gabriele	Recht der Grundsicherung, Beratungshandbuch SGB II, 1. Auflage 2012, Verlag Nomos, Baden-Baden 2012 **zitiert:** *Hoenig/Kuhn-Zuber*, Recht der Grundsicherung, S. ... Rn. ...
Hömig, Dr. Dieter (Hrsg.)	Grundgesetz für die Bundesrepublik Deutschland, Handkommentar, 10. Auflage, Verlag Nomos, Baden-Baden 2013 **zitiert:** *Bearbeiter* in *Hömig*, GG für die BRD, Art. ..., Rn. ...
Jarass, Dr. Hans D./ Pieroth, Dr. Bodo	Grundgesetz für die Bundesrepublik Deutschland, Kommentar, 12. Auflage, Verlag C.H. Beck, München 2012 **zitiert:** *Bearbeiter* in *Jarass/Pieroth*, GG Kommentar, Art. ..., Rn. ...

Kreikebohm, Dr. Ralf/ Spellbrink, Dr. Wolfgang/ Waltermann, Dr. Raimund Waltermann (Hrsg.)	Beck'sche Kurzkommentare, Kommentar zum Sozialrecht, 2. Auflage, C.H. Beck München 2011 **zitiert:** *Bearbeiter* in KSW, § ... Rn. ...
Lauterbach, Klaus	SGB III-Arbeitsförderung, Richard Boorberg Verlag, Stuttgart 2012 **zitiert:** *Lauterbach*, SGB III-Arbeitsförderung, S. ...
Löcher, Jens	Handwörterbuch Grundsicherung für Arbeitsuchende, 1. Auflage 2012, Verlag Nomos, Baden-Baden 2012 **zitiert**: *Löcher*, Handwörterbuch SGB II, S. ...
Löns, Martin/ *Herold-Tews, Heike*	SGB II Grundsicherung für Arbeitsuchende, 3. Auflage, Verlag Franz Vahlen GmbH, München 2011 **zitiert:** Bearbeiter, L/H, § ... Rn. ...
Löschau, Prof. Martin/ *Marschner, Prof. Dr. Andreas*	Zusammenlegung von Arbeitslosen- und Sozialhilfe, Praxishandbuch Hartz IV, Verlag Luchterhand, Köln 2004 **zitiert**: *Löschau/Marschner*, Zusammenlegung von Arbeitslosen- und Sozialhilfe, S. ... Rn. ...
Mangoldt v., Dr. Herrmann/ Klein, Dr. Friedrich/ Starck, Dr. Christian	Kommentar zum Grundgesetz, Band III, 6. Auflage, Verlag Franz Vahlen, München 2010 **zitiert:** *Bearbeiter* in *v. Mangoldt/Klein/Starck*, GG III, Art. ..., Rn. ...

Maunz, Dr. Theodor/ Dürig, Dr. Günter	Kommentar zum Grundgesetz, Band VI, Stand November 2012, Verlag C.H. Beck, München 2012 **zitiert:** *Bearbeiter* in *Maunz/Dürig*, Kommentar zum GG, Art. ..., Rn. ...
Maurer, Dr. Hartmut	Staatsrecht I, 6. Auflage, Verlag C.H. Beck, München 2010 **zitiert:** *Maurer*, Staatsrecht I, § ..., Rn. ...
Muckel, Dr. iur. Stefan/ Ogorek, Dr. iur. Markus	Grundriss des Rechts, Sozialrecht, 4. Auflage, C.H. Beck München 2011 **zitiert:** *Muckel/Ogorek*, Sozialrecht, § ... Rn. ...
Münder, Prof. Dr. Johannes (Hrsg.)	Sozialgesetzbuch II, Lehr- und Praxiskommentar, 4. Auflage 2011, Verlag Nomos, Baden-Baden 2011 **zitiert:** *Bearbeiter* in LPK-SGB II, § ... Rn. ...
Radüge, Astrid/ Schlegel, Prof. Dr. Rainer/ Voelzke, Prof. Dr. Thomas (Hrsg.)	juris PraxisKommentar SGB II, 3. Auflage, juris GmbH, Saarbrücken 2012 **zitiert:** *Bearbeiter* in juris-PK SGB II, § ... Rn. ...
Rolfs, Prof. Dr. Christian/ Giesen, Prof. Dr. Richard/ Kreikebohm, Dr. Ralf/ Udsching, Prof. Dr. Peter	Sozialrecht SGB II, SGB III, SGB VIII, SGB XII, Verlag C.H.Beck, München 2008 **zitiert:** *Bearbeiter* in *Rolfs/Giesen/Kreikebohm/ Udsching*, § ... S. ... /Rn. ...
Sauer, Franz-Josef	SGB II Grundsicherung für Arbeitsuchende, Kommentar zum SGB II, Haufe-Lexware GmbH & Co.KG, Freiburg 2011 **zitiert:** *Bearbeiter*, SGB II, Einführung/§ ... Rn. ...

Schlaich, Dr. Klaus/ *Korioth, Dr. Stefan*	Das Bundesverfassungsgericht, 9. Auflage, Verlag C.H.Beck, München 2012 **zitiert:** *Schlaich/Korioth*, Das BVerfG, Teil ..., Abschnitt ..., Rn. ...
Spellbrink, Prof. Dr. *Wolfgang/ DSGT* (Hrsg.)	Verfassungsrechtliche Probleme im SGB II, Neue Regelleistung und Organisationsreform, Verlag Boorberg, Stuttgart 2011 **zitiert:** *Bearbeiter* in *Spellbrink/DSGT*, S. ...
von Maydell, Prof. Dr. *Bernd/ Ruland, Prof. Dr.* *Franz/ Becker, Prof. Dr.* *Ulrich*	Sozialrechtshandbuch (SRH), 5. Auflage, Verlag Nomos, Baden-Baden 2003 **zitiert:** *Bearbeiter* in SRH, § ... Rn. ...
Westermeier, Antonius/ *Wiesner, Herbert*	Das staatliche Haushalts-, Kassen- und Rechnungswesen, 9. Auflage, R. v. Decker, Heidelberg 2012 **zitiert:** *Westermeier/Wiesner,* Das staatliche Haushalts-, Kassen- und Rechnungswesen, S. ... Rn. ...